JN296471

いまなぜ信金信組か

協同組織金融機関の存在意義

安田原三・相川直之・笹原昭五【編著】

日本経済評論社

はじめに

　近年におけるわが国経済の動きを見ると、市場主義万能の嵐が吹き荒れている観がある。振り返ると、それは1967年の自由化・効率化政策から顕著になっている。戦後の閉鎖的保護政策に守られて成長してきたわが国経済が、国際化を進めるための政策転換を図って以来、次第に市場主義の力は内外から強くなり、プラザ合意から橋本内閣のビッグ・バンそして小泉内閣になってまさに暴力的といえるほどの強引さで市場主義への構造改革が進められている。しかし、グローバルな市場主義経済の中で、弱小国はいかなる立場におかれてしまうのであろうか。市場主義者のいうように究極的に世界は均衡のとれた世界経済に到達することができるのであろうか。

　わが国の動きは、グローバルな市場主義に対応する前段階として、国内経済の市場主義改革が進められているが、それはドメスティック・ヴァイオレンスの感さえ与えるものである。矢継ぎ早やの規制撤廃、民営化、民間開放による構造改革は、国内経済に異常な混乱を招きつつ、大都市と地方、大企業と中小零細企業、国民の間に格差拡大を生みつつある。わが国の中小企業が歴史的に集積してきた優れた技能が、単なる低コストの力で苦境に陥れられ破綻の危機に直面する現実や工業化の陰で、大量な輸入産品に泣かされている国内の農業・農民問題やこの様な経済社会問題等公正な市民社会とはかけ離れたものになり

つつあるのではないか。アルフレッド・マーシャルのいう「クール・ヘッドとウォーム・ハート」を持つ政治こそ求められているのではないか。

　小泉内閣時代から始まっていた規制改革・民間開放推進会議の最終答申が2006年末に出され、それを受けて、本年秋には金融審議会が、協同組織金融機関（信用金庫・信用組合）の制度的見直しを始める予定である。政府が進めてきている経済の構造改革路線の下で、金融市場の規制を極力撤廃し市場主義による効率的な金融システムを構築しようということである。市場の競争に任せて資金を効率的に流通させるということは、非効率すなわち高コストの流れを排除し、より低利な資金を流通させようということである。

　しかし、市場主義が進めばそこには当然格差が誕生し、金融市場の中にも強者と弱者が発生してくる。従来からの弱者は一層格差を広げられることになる。現に、最近の経済においても、景気は50か月を超す上昇傾向を示しているといわれ、大企業の増収、増益が発表されている反面で、地方や中小企業の大部分は所得の減少に直面しているし、物価の上昇に見舞われている。

　協同組織金融機関はこの様な環境におかれている中小零細企業者を顧客として、その資金供給を担っているわけである。一部の信用金庫等に規模が拡大して地方銀行と肩を並べあるいは超えるほどの規模のものが発生してきていることも事実であるが、それをもって、株式会社銀行と同様に考え、これまで与えられてきた規制を取り除こうとするのは、中小企業専門金融機関の本質を見ない主張である。利益追求を究極的目的とする株

式会社銀行が、コストが掛かり利幅が少なく、その上リスクをより多く持っている中小零細企業に十分な資金を供給できるとは現在の環境の中でも考えることは難しい。現にバブル経済崩壊後に新しく誕生した銀行が中小企業金融を銘打って進出してきても銀行としての経営が困難であることが示されてきている。

信用金庫や信用組合はこのような中小零細な商工業者のための金融機関として組織され、その資金需要を担ってきたし、そのような商工業者とともに成長、発展してきたものである。今回予定されている議論には、組織としての銀行への転換問題、法的優遇措置の撤廃問題、ガバナンス問題などが挙げられているが、協同組織金融機関全体の組織としてその協同という観点で考えれば、規模の大きなものを銀行へという議論はでてこない筈であるし、優遇措置にしても顧客の零細性やその保護助成の観点で取り上げられるべきではないだろうか。

今回本書の出版が意図されたのは、日頃から信用金庫問題に関心を持って研究、議論している仲間の中から、信用金庫の銀行転換を心配する声が幾つも上がってきて、その方々との相談の結果、いろいろの観点から信用金庫を論じて頂こうということで中小企業者、消費者問題また海外の協同組織金融機関などいろいろの分野に関心をお持ちの方々にご執筆をお願いした次第である。金融審議会の議論が秋には始まるだろうと予想されたため、協同組織金融機関についてこのような意見があることを早急に世に問うことに意義があると考え、執筆者の方々にはご多忙の中を大変ご無理をお願いし、短期間にしかも分量も制限し、誠に申し訳なく思っている。それにもかかわらず皆様が快くお引き受け下さったのは協同組織金融機関に対する暖かい

お気持ちの表れであると思い企画したものの一人として感謝申し上げるものであります。本書が関係者や信用金庫・信用組合業界の方々のみならず、世の多くの方々によって協同組織金融機関問題の理解のために読まれることを願っています。

(安田原三)

いまなぜ信金・信組か ——協同組織金融機関の存在意義—— ＊目次

はじめに　　　　　　　　　　　　　　　　　　　　　　　　　3

I　協同組織金融機関の存在意義 …………… 11

1　協同組織金融機関の制度的見直し論について
　　　　　　　　　　　　　　　　　　　安田原三　13

2　協同組織の存在意義再論　　　　　濱田康行　27

3　協同組織金融機関の今日的存在意義と経営課題
　　　　　　　　　　　　　　　　　　　齊藤　正　43

4　協同組織金融機関のこれからの役割
　　　　　　　　　　　　　　　　　　　相川直之　55

5　協同組織金融のガバナンス
　――協同組織金融機関は誰のもので、誰のために、誰によって経営されているのか――
　　　　　　　　　　　　　　　　　　　長谷川勉　68

6　協同組織金融機関の理論的整理
　――内部補助理論、クラブ財理論による試み――　　　村本　孜　81

II　海外の協同組織金融機関 ……………… 105

1　欧州協同組合銀行と信用金庫の構造比較
　　　　　　　　　　　　　　　　　　　平石裕一　107

2 現代社会に生きるクレジット・ユニオンから
　学ぶ新たな取組み　　　　　　　　　　楠本くに代　128
3 中小金融機関大再編政策の再来を憂う
　　──「コミュニティ・バンク」を支持する明確な「民意」の取付けを──

　　　　　　　　　　　　　　　　　　　　由里宗之　145

III 中小企業にとっての協同組織金融機関 …… 161

1 事業目的ゆえの協同組織　　　　　　　　平山惠三　163
2 信用金庫制度の変遷と協同組織性　　　　生澤　博　173
3 相互扶助精神と企業家精神の再興と連携
　　──中小企業家の信用金庫・信用組合への期待──　　瓜田　靖　186
4 もうひとつの新自由主義　　　　　　　　笹原昭五　200

あとがき　　　　　　　　　　　　　　　　　　　　　　219

I 協同組織金融機関の存在意義

1 協同組織金融機関の制度的見直し論について

安田　原三
(日本大学名誉教授)

1 規制改革・民間開放推進会議の最終答申

　規制改革・民間開放推進会議が、審議を終え、2006年末に最終的な第三次答申を発表した。その答申において、現在の協同組織金融機関（信用金庫・信用組合）について制度的に見直しを行う必要があるとし、2007年秋には金融審議会において、審議を開始することが予定されている。

　この答申によれば、協同組織金融機関の制度的見直しとして、協同組織金融機関が果たすべき今日的役割を踏まえ、その業務及び組織の在り方につき、総合的な視点から見直しを検討することが必要であり、税制上の優遇措置の再検討、員外取引制限、資金調達手段、ガバナンスが検討課題とされている。すなわち、組織上の問題として協同組織金融機関と株式会社銀行の在り方等制度の現代化と競争上のルールを平等にするための見直しというのであり、これによって市場型間接金融の一層の実現を図るということである。本稿では、株式会社銀行との対比で最も問題が尖鋭化している信用金庫を中心に協同組織金融機関の問題について考えていくことにする。

2 改革論議の背景

 協同組織金融機関の制度的改革が戦後の過程で問題とされてきたことを振り返ってみると、戦前の産業組合法の下で信用組合制度、市街地信用組合制度として存在してきたものが、戦後の経済民主化改革の下で、各種の協同組合法が生まれ、中小企業等協同組合法による信用組合制度となり、その後に戦前の市街地信用組合であったものを中心に信用金庫法を制定して現在の信用金庫、信用組合の二制度が誕生している。

 もちろん、これらの制度が誕生した当時の経済的・金融的背景となる環境は今更指摘する必要もないであろう。戦後の壊滅的な産業システムの復興・再建そしてその後の経済成長へと進めるための経済システムと金融システムの再構築として、とりわけ大企業設備の壊滅的な崩壊の状況の中では中小企業の再建は中小企業庁の設置にも見られるように喫緊の課題であった。その後朝鮮戦争による特需などのカンフル剤的な需要の急増があったにしろ小回りの利く中小企業の活躍が大企業の生産を支え、その後の高度成長へと続いていったことは明らかである。この中小企業の資金需要対策として復興金融公庫融資や商工中央金庫の融資ではとても現実の中小企業の資金対策としては不十分のものであって、これらの状況が前記中小企業等協同組合法、信用金庫法設立等の法的施策を生む背景になったことも明らかである。

 このような状況の中で信用金庫等は中小企業の旺盛な資金需要に応えるものとして活動し、その後の中小企業の成長ととも

に自らも大きく成長してきた。信用金庫数・店舗数・資金量・融資量など飛躍的に増大したということができよう。銀行が大企業の資金需要に応えるために伸びてきたことの陰で中小企業、地域産業を支えるものとして信用金庫はその役割を担ってきたのである。

表1　信用金庫の業況推移

(単位：千人、金額億円)

年度末	昭和27	昭和30	昭和35	昭和40	昭和60	平成6	平成17
金庫数	561	549	538	524	456	421	292
店舗数	1,806	2,306	2,716	3,393	7,124	8,524	7,776
会員数	1,105	1,410	1,936	2,795	6,411	7,958	9,190
預金	1,531	3,040	9,890	31,748	500,491	941,478	1,060,879
貸出金	1,146	2,269	7,332	24,014	365,734	679,164	606,258

資料：全国信用金庫協会調

わが国経済はその後の高度成長を持続させたことで、国際的にも上位の国民所得水準となり、それを契機として、これまで経済復興のために採られてきた種々の保護的規制の撤廃を諸外国から要求されることになった。いわゆる外圧が日増しに強力になり、政府も国際化の対応として企業の体質強化、金融面からの対策を講ぜざるを得なくなった。金融自由化から効率化への行政の動きはこのような経済環境の中で低利安定的な資金供給を実現しようとして採られたものであり、しかもその資金は資金偏在論の主張にいわれたように地方から大都市への融資集中機構を支えるものであった。このような経済・金融状況を背景に金融制度調査会（以下金制調）による金融制度の再検討が始められたのである。ここでは中小企業金融制度の検討が先ず取り上げられたのであるが、これは1966年6月のことであり、戦後に再編されていた金融制度の最初の見直し論議であったと

いうことができる。この論議の内容は後述することにして、この検討、答申を経ていわゆる中小金融二法「中小企業金融制度の整備改善のための相互銀行法、信用金庫法等の一部を改正する法律」と「金融機関の合併及び転換に関する法律」が成案を得て、1968年5月に成立し、翌月交付された。この法律による信用金庫に関する改正点は、最低出資金の引き上げ、会員資格の拡大、員外貸出の拡大、総代機能の改善等である。

協同組織金融機関制度についての改革論議が、次になされたのは、1985年7月の臨時行政改革推進審議会答申の金融制度問題検討の必要性の指摘を受けて、1988年2月に設置された金制調第一委員会の審議であり、1989年5月に中間答申を提出している。

金融二法以降これまでの間は、二度にわたるオイルショック、プラザ合意などによる経済の低迷を経験しながらも、経済・金融の国際化、自由化は本格的に進展していった。信用金庫の経営環境も高度成長後の景気の長期低迷、銀行の中小企業分野への進出など競争の激化の中におかれた。しかし景気は1986年を底にして、その後平成景気といわれたように長期上昇期に入った。前川リポート（中曽根首相に対する研究会の報告書・1986年4月7日付）を柱として、内需拡大のための低金利政策、土地、大型小売店舗などの種々の規制撤廃、更に金融の国際化・自由化の進展が推進され、市場の整備拡充、預金金利・業務の自由化が進んだ。このような内需拡大策や諸規制の緩和を受けて経済は好況からバブル経済へと進むことになり、その後の崩壊を招くことにもなった時期である。このような状況の中で第一委員会は、まず相互銀行の普通銀行転換を認める答申

を行い、引き続き「協同組織形態の金融機関のあり方」を審議し中間答申を提出したのである。

この答申では、かねてから要請の強かった中小企業専門金融機関であった相互銀行の普銀転換を認めるとともに引き続き審議された協同組織金融機関については、現状の再確認を行うこととなった。すなわち、「協同組織金融機関の基本的あり方では信用金庫、信用組合、労働金庫及び農林系統金融機関の現状と独自の性格を明らかにし、その上で今後とも中小企業、農林漁業者、個人等の分野において、円滑な資金の供給等多様な金融サービスの提供を確保することが引き続き重要であり、これらの分野において十分な金融サービスを確保するため、これらの分野を専門とする金融機関の存在はこれからも必要である。」と断言している。

今回の協同組織金融機関の制度的見直し論の前提には、1986年の答申以降十数年にわたって協同組織金融機関について再検討が行われていないことが理由として挙げられている。この十数年間の経済は、まずバブル崩壊の時期に入って、前半期は不況と調整の期間となった。金融システムも二信組の破綻をきっかけとして第二地銀、住専などの破綻が相次ぎ金融システム不安定の兆候を示すに至った。政府は景気対策を採る一方、金融ビッグバンを柱とする改革を推進した。更に、中小企業においても中小企業基本法の改正を実施し、経済構造改革への対応を中小企業も金融機関も迫った。景気は不良債権処理の重荷を背負い、更に設備投資、消費ともに需要の低迷、物価下落、失業率の上昇、戦後最低の超低金利政策が持続されるなどデフレ現象が長期化した時期になった。

しかし、デフレ経済、長期不況といわれた景気も、バブル遺産の処理が進み、雇用、設備、債務の「三つの過剰」が解消するに至って、2002年1〜3月期を谷として回復期へ移行した。

　企業は設備、債務の過剰解消によって体質の強化が進み、金融機関も大手銀行の不良債権問題の解消から金融システムの安定化に向かっている。企業の成長が漸く家計にも及び、家計の雇用改善、所得環境の改善など民需中心ながら緩やかな景気回復基調が持続されることとなっている。

　以上、信用金庫等協同組織金融機関の制度的見直し論が提議された時期の経済的・金融的背景を見てきたが、そこには共通するものが存在している。地方ないし家計部門の豊富な資金の存在と大銀行における資金調達の困難である。1967年の金融二法が制定された金融制度調査会の議論では、資金偏在論がいわれたように、地方交付金等を要因として地方に大量な余裕資金が存在し、それが地方金融機関によって地元で活用されることなく、コール市場等を通じて都市の銀行に調達され、そこから大企業へと回流する資金の流れが存在した。その結果大企業が調達する資金は結果的に高コストにならざるを得ない。折しも国際化を迎えるに当たって、その競争に打ち勝つためには企業の体質強化が是非とも必要であり、そのためには低利の資金を安定的に供給することが必要であり、高コスト体質の金融機関の整理淘汰が必要だという主張が生まれたのである。次の1988年の金制調設置の時代背景はいうまでもなくバブル経済時代である。金融機関は土地神話に染まって、土地を担保として大幅に融資を拡大させる行動を採っていた。協同組織金融機関の中にもこれを原因としてその後に破綻したものが発生した

ことも事実であるが、信用金庫は相対的には被害が小さかったということができる。結果的に見れば、この土地バブル、その後の不良債権の規模は大金融機関ほど大きかったといえるし、それだけ大銀行を中心に大都市金融機関の資金需要は大規模であった。

　今回の協同組織金融機関の制度的見直し論台頭の背景においても、バブル崩壊による債務が漸く解消するとともに数年に及ぶ景気の上昇、経済成長の持続があり、資本市場・金融市場における多様化の進展を背景に、本格的な国際化、自由化に対応する大企業、大銀行が資金力と体質の強化の必要を抱えるに至っている。一方家計には千数百億円といわれる金融資産の存在があり、また郵政民営化の進展等金融機関の競争は一層激化することが予想されている。この様な背景の中で株式会社銀行は協同組織金融機関に当てられている税制上の優遇措置を撤廃し、平等な競争条件を持つことによって高コスト金融機関を排除、整理することで効率的な資金流通を構想していると考えられる。

3　制度見直し論の抱える問題

　今回の協同組織金融機関の制度的見直しについては、業務及び組織の在り方について総合的視点からの見直しといわれている。具体的には幾つかの問題として指摘できよう。

　第一の問題は、株式会社銀行と協同組織金融機関の同質化論である。まず業務の点について考えると、金融の自由化による金融機関の業務の多様化は証券業務との垣根を越えて多様化しつつある。そのため、協同組織金融機関においても、業務の幅

を拡げるための要請を行い、順次拡大されてきていることも事実である。更に、一部には今日なお課されている業務や資金調達手段についての制約を取り除くことが必要であり、そうすることで金融機関としての機能を一層果たすことができるという主張がある。しかし、現在の員外取引、卒業生金融に加え、業務の幅を更に拡げることになれば、銀行との業務は一層同質化するのであるから、現在協同組織金融機関に与えられている税制上の優遇措置は撤廃すべきであるというのがこの主張についている意見である。

　信用金庫・信用組合が中小企業専門金融機関として、協同組織金融機関制度を維持していることは、中小企業を対象とする金融機関としての専門性によるものである。銀行と信用金庫等の同質化が論じられるべきは、その取引対象である中小企業に対する金融ということで同質化した場合、信用金庫の対象の専門性が失われた時に問題とされるべきものである。業務の同質化でいうように、銀行と信用金庫が同じ業務を行い競争する局面が多くなったからといっても、それは信用金庫の顧客である中小企業の要請に応えるために業務を拡げようとしている結果に他ならない。金融の自由化、国際化が進展するに伴って中小企業も海外進出を図るものなどその業務、取引範囲は飛躍的に拡大している。それらの中小企業の要請を受けて、それに応える金融機関として業務の範囲を拡大する要請がこれらの金融機関から出されてくるのは必然的である。もちろん、それを全て個々の信用金庫等協同組織金融機関が行うかどうかは信金中央金庫あるいは全信組連等親機関との連携を含めて考えるべきである。

銀行と信用金庫との同質化論については1966年金制調において中小企業銀行への全部あるいは一部転換を主張した滝口試案、末松私案が提出されたけれども、当時の中央大学教授川口弘氏が報告で述べておられるが、信用金庫の専門性は中小企業専門という専門性であって、信用金庫が銀行と同質化したといえるのは、対象の専門性を喪失した時である。当時の融資集中機構の下で銀行が大企業への資金集中に力を入れている時に中小企業への金融は専ら中小企業専門金融機関、信用金庫等に依存していたといえる。したがって対象の専門性は全く失われていない。

　今回の制度的見直し論においても同質化論が出ており、大規模信用金庫の銀行転換が必要といわれている。1999年に中小企業基本法が改正され、IT産業、ベンチャー企業に傾斜した創業支援へと中小企業政策は転換されたのであるが、この折、中小企業概念もこれまでの最高資本金規模が3億円に引き上げられた。これが意味するところは、改正前は信用金庫等の取引対象ではなく銀行の対象、大企業として扱われていた企業層が、改正後は中小企業に含まれることによって、銀行の中小企業取引残高は増加する筈である。しかし、結果はそれを裏付けるような増加は示していない。このことはこの層が銀行の重要な取引対象ではなかったということを示している。信用金庫は、卒業生金融、員外取引として行っていた部分があるが、結局はこの層に対する取引は信用金庫が取り扱う層であることを示している。更にバブル経済崩壊後の企業再建を図る時期に、中小企業への積極的な融資を行政は促してきたが、リスク、貸倒引当金の上積み等の問題から大銀行の融資増は積極的ではなかった。

ここでも信用金庫に負うところが大きかったといわねばならない。

　更にベンチャーファイナンスについて触れるならば、ベンチャー企業がまず創業資金を必要として、それを何処に求めるかとなると、アメリカのような創業支援エンジェルが存在するわけでもなく、銀行系のベンチャーキャピタルもその分野へはリスクを負うことを恐れてほとんど手を出していない。創業後経営が一応安定した段階でないとこれらの金融機関は出資も融資もしないのである。したがって、ベンチャー融資を担うのはやはり中小企業専門である協同組織金融機関の信用金庫等に頼らざるを得ないであろう。このことからしても中小企業分野に対応できる金融機関としての協同組織金融機関の対象の専門性は存在するし、必要性を有している。1989年の金制調の答申においてその必要性が再確認されているが、現在においてもそれは変っていないし、再確認されるべきである。

　第二は税制の優遇措置についてである。現在行われている措置は、法人税、事業税、事業所税、印紙税、事業用不動産に関わる固定資産税であり、この他貸倒引当金の法定繰入率や特例措置などであるが、これらの問題を考える場合に、これは金融機関の問題として考える前に協同組織として金融機関を組織している組合員、会員である中小零細企業者のための優遇措置であると考えるべきである。大企業と中小企業との生産性格差は依然として存在しているわけで、単に銀行との同質化や競争の観点で有利、不利と比較して論ずべきではない。こういった優遇措置が採られていることによって大企業と中小企業とを等質な状況に置くことができる。

第三に員外取引並びに資金調達手段の問題であるが、預金取引における員外問題は、現状において問題にするようなことではない。中小企業が成長、発展するにしたがってより多くの資金を必要とすることは、戦前の市街地信用組合制度の誕生に見られるように必然的なものである。したがって、信用組合、農協等が制限されているのに対して信用金庫は員外預金の獲得に制限を受けてはいないのである。員外貸出については小口貸出、卒業生金融、その他公共団体貸出などが行われているが、地域金融機関としての性格も強く持っていることからしても現状の制度は認められるべきである。

　資金調達手段については、自由化の進展につれて、多様化を進めている。顧客の立場にたった場合、それにどれだけ応えるべきであるかということになる。資金調達の市場においては郵政民営化もあり、一方証券、信託などの提携商品が次々とつくられてきて、競争は激化の一途を辿っている。中小企業、地域への資金の供給という観点と同時に会員・組合員のために考えるべきであって、信金中金や全信組連との提携によって対応できるものもかなり存在するが、個別の金融機関としてそれに対応することも必要である。

　最後の問題として、協同組織金融機関のガバナンスの問題がある。今更いうまでもなく歴史的にも信用金庫は協同組合として制度的に導入され、現実の中小規模の商工業者に対応する金融機関として発展してきたのであり、現在においても協同組合の理念をその経営の理念としている。協同組合の価値を有し、その原則を経営の柱としている。例えば2000年の国際協同組合連盟総会において、1995年以来の協同組合原則の改定とし

て21世紀へ向けた協同組合の定義、価値そして価値実践のための7原則を決定ないし再確認している[1]。その価値を見ると「協同組合は、自助、自己責任、民主主義、平等、公正、連帯という価値を基礎とする。協同組合の創設者達の伝統を受け継ぎ、協同組合の組合員は、正直、公開、社会的責任、他人への配慮という倫理的価値を信条とする。」さらに、第二原則では「組合員による民主的管理」として「協同組合は、組合員の管理する民主的な組織であり、組合員はその政策立案と意思決定に積極的に参加する。選出された役員として活動する男女は、すべての組合員に対して責任を負う。単位協同組合の段階では、組合員は平等の議決権（一人一票）をもっている。他の段階の協同組合も、民主的方法によって組織される。」現代の信用組合はもちろん信用金庫もこの価値の再認識と原則実現を日常の念頭に抱いていることが求められる。

　信用金庫のガバナンス問題を考えるに当たってもこれを根底に持って考えるべきである。現在ここで指摘されている問題は、協同組織（協同組合）として会員と経営者との関係の問題である。組織として会員と理事会の間に総代が存在し、会員総会に代わるものとして総代会を置いている信用金庫が大部分である。したがって、会員の意思が十分理事会に反映されていないのではないか、経営の実情、理事会の意思が会員に十分理解されていないのではないか。更に会員を含む利用者・顧客へのディスクローズがなされていないのではないかという問題である。信用金庫も基本的に協同組合の経営原則を理念とした経営がなされなければならない。

　信用金庫の総代制度の問題は、1966年の金制調審議のとき

にも問題とされた点である。今回のこの問題の背景には、近年の合併等による一金庫当たりの会員数の飛躍的増大と営業区域の拡大による問題がある。協同組織金融機関はそもそも人の組織であり、会員の民主的、自治的組織であるという点からすれば、会員組織が大きくなるにしたがってガバナンスを十分持続することは飛躍的に多くの努力を必要とする。現在の組織においてはこの役割を担うのは総代会であり、活動する総代会にするためには、総代の選出方法、総代と会員との繋がりの方法等を改善する必要がある。協同組合原則でいう自治組織、民主的組織として活動するためには、理事会とともに総代が日常的に積極的な活動をすることに懸かっている。会員数という人的規模の問題は、そこでいかに密なる関係を構築するかである。

　営業区域の拡大の問題は協同組織金融機関として密接な人的組織を維持する上ではやはりマイナス要因として働きかねない。従来、信用金庫は各都道府県の範囲内、県外に進出するとしても隣接県の一部という経済圏に店舗網を持つというのがほとんどであった。しかし近年の合併・統合は最高で4県にまたがって区域を持つものまで発生している。信用金庫自身の拡張思考ということのみでなく、バブル後の破綻や経営困難を抱えた金庫の救済を目的として行政によって指導された面も多々存在している。信用金庫としては、それに対応する努力を従来の数倍は必要とするであろう。この点は今後隣接する他の信用金庫等業界としての調整がなされるべきである。その前提になるのは地域の特性をも考慮した活動できる人的組織としての規模、範囲としての区域を考えるべきである。信用金庫が協同組織であり、地域密着であることが中小企業専門金融機関として存続し

うる条件であり、求められているものである。

[註]

1)　協同組合原則は、協同組合の発展のための経営原則として示されているものであるが、国際協同組合連盟（ICA）において、時代の変化にマッチするものとして改訂が重ねられており、最近では1995年のマンチェスターで開かれたICA百周年記念大会及び総会において、「協同組合のアイデンティティに関するICA声明」と「協同組合の宣言——過去・現在・未来」が承認され、1980年以来の改訂となった。翌年この両文書を包含して『21世紀の協同組合原則』（日本協同組合学会訳編、日本経済評論社、2000年）として公刊された。これが今後の国際的な協同組合運動の理解と可能性を示す基本文献となっている。

　そこに示されている協同組合の「協同組合原則」の項目を示すと以下の通りである。経営理念としてこれを抱き、地域貢献への努力をすべきである。
【原　則】
　［第1原則］自発的で開かれた組合員制
　［第2原則］組合員による民主的管理
　［第3原則］組合員の経済的参加
　［第4原則］自治と自立
　［第5原則］教育、研修及び広報
　［第6原則］協同組合間の協同
　［第7原則］地域社会への関与

2　協同組織の存在意義再論

濱田　康行
(全国大学生協連合会副会長・北海道大学経済学部教授)

はじめに

　市場原理への妄信が間違いであること、その証明が全国各地で示されているにもかかわらず、懲りない面々がいる。
　"規制改革・民間開放推進会議"（以下、推進会議）がそれだ。2006年12月に発表された答申には協同組織金融機関への言及があり、そこには次の二点が書かれている。

　①協同組織への税率が低いことの根拠が薄弱である
　②協同組織のガバナンスが企業と比べて不十分である

　要は、協同組織の存在意義を見直す、この会議の性格から露骨に言えば、"協同組織なんか金融界にいらない"という主張である。状況はこの15年間で大きく変化したようだ。というのは1989年〜1990年にかけての金融制度調査会答申（以下、答申）では、次のように書かれているからだ。

　「これらの分野（中小企業、農業、個人など一般の金融機関から融資を受けにくい立場にある者）における貸し手としての協同組織金融機関の重要性は引き続き大きいものがある」

「これらの分野（同上）を専門とする金融機関の存在は、今後とも必要である」

　「一般の金融機関に加えて、これらの分野を専門とする金融機関の必要性は高いと考えられる」（『協同組織形態のあり方について——金融制度調査会・金融制度第一委員会中間報告』1989 年 5 月 15 日、傍点は筆者によるもの）

極めて明快に協同組織金融の存在意義を認めているのである。
　なぜこうした認識の変化が生じたのか。端的にいえば、暴走内閣小泉政権の負の遺産なのであるが、この急変を許したのにはいくつか理由がある。

①答申は、今日の"推進会議"に比べれば前向きで、協同組織に理解を示しているが、限界もある。それは協同組織そのものがなぜ資本主義経済下においても存在するのかについての理解が十分でなかったことだ。もっとも、これは金融に関する審議会であることによる限界かもしれない。

　答申は、中小企業、農業、個人の分野は普通の金融機関にはやりにくいから協同組織があってもよいという、やや消極的な論理を展開している。しかし、この論理だと、一般の金融機関がそれなりの工夫をしてこの分野に参入し機能を果たせるなら、協同組織は極端に言えば"不要"になることもある。
　やはり、協同組織の存在の合理性を一般的に主張する論拠があらためて示されるべきである。

②この間にアメリカの圧力が強くなったことを見逃してはならない。これは、共済問題に典型的に現われている。日本の保険業界への進出をねらっているアメリカの業界が政治ルートを通じて様々な干渉を繰り返していることは自明である。評論家の森田実が自らの講演で暴露しているように、アメリカはこの10年、様々な要求を日本に突きつけている。日本政府はそれに忠実に従い、あるものについては法律をつくり、制度を変更してこれに応じている。その最たるものが郵便貯金の民営化であったという。つまり、この間、グローバリズムを反映して外圧が高まり、協同組織の分野も聖域ではなくなったのである。これに加えて、金融庁というほとんど協同組織に理解を示さない官庁の政策が誰にも制御されないで展開した。この官庁は、協同組織を厄介者扱いし、金融世界の一元的管理のためには排除すべき対象と考えているに違いない。彼らには妙な美学がある。金融世界は美しく一元的であるべきで、それを統括するのが自分達だと考えている[1]。

③第三の要因は、この間も協同組織機関の不祥事が発生し、外からみると内部管理が行き届いているとは思えない状況にあることだ。だから世論は金融庁の味方につきやすい。金融の第二の論点である、ガバナンスの不足、不透明は残念ながら否定しようがない。

　本稿は第一の論点について論ずる。資本主義は完全ではなく、社会の様々な領域で、利潤原理で動く企業だけではうまく機能できず、必然的に政府・公的セクター、非利潤原理分野が存在

するのである。これは私の従来からの主張だが、"推進会議"への反論として新しい論点をつけ加えようと思う。

1 協同組織の存在意義再論

答申は、"やれない分野をやる"という論理である。つまり、利潤原理の企業では対象にならない（なりにくい）分野を協同組織が担当する、というものだ。しかし、これは現実離れしたやや美しすぎる分業論だ。研究の世界にいる人々は現実から遠いだけにこのような主張に賛同することが多い。しかし、協同組織の最前線に働いている人にすれば、それは時代錯誤な認識でしかない。というのは、状況は図1に示すように変化し、現状は既にステージⅢにあるからである。ステージⅠなら分業は成立するが、ステージⅢでは協同組織に特有の分野はほんの少し（A領域）しか残されていない。純血理論を貫くとすればAだけの事業を展開することになるが、それでは①現状の事業規模を大幅に削減しなければならない。そして②収益上苦しくなる。A領域に利潤企業が侵入しないのは端的に言って"儲からない"からである。それが儲かる領域になれば彼らの誰かが必ず侵入してくる。

つまり理想論は、昔（資本主義が歴史的に成立した時代）にのみ適合し、現段階では非現実的である。信用金庫の日常業務は地方銀行・第二地方銀行のそれとほとんど同じだし、生活協同組合の販売（供給）している商品は95％以上大手スーパーと同じである。環境にやさしい商品を独自に開発するという"生協らしい"事業はもちろん展開しているが、それは全体の

一部であり、事業全体を保つようなものではない。むしろ、こうした独自領域は事業というより協同組合の精神を保つために行っているといった方がよい。先進国について言えば、図1の状況はさらに進展し図2のようになっている。これは、農業、中小企業、個人の金融分野、保険・共済分野、そして消費生活協同組合の分野においても共通である。ノーベル平和賞に輝いたバングラディシュ・グラミン銀行の貧困層を対象とするマイクロファイナンス分野は、途上国だからこそ存立するのである。

　営利企業のやれない分野をやるという主張、これはもっともらしいのだが、それは一種の逃走論である。資本主義が常に発展する経済体制であるとすれば、世界は地理的に限られているのだから、発展は内的に、横だけではなく縦にも進行する。資本は利益となる領域を次々と開拓していく。この数年間、先進

図1　市場経済と協同組織

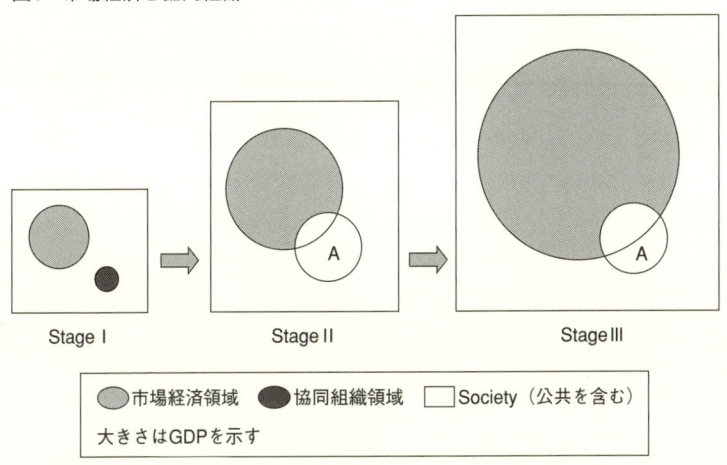

Stage I　　　Stage II　　　Stage III

●市場経済領域　●協同組織領域　□Society（公共を含む）
大きさはGDPを示す

出典：齊藤正教授（駒澤大学）の図を基に作成（以下同）

国で生じたことは、これまで政府・公共体に担わせてきた事業を民営化という方針の下に獲得することだったし、協同組織に任せていた領域に侵入することであった。

民営化論と協同組織不要論は同根だし、その背後には先進国に主に生ずる資本過剰現象、もはや投資するところがないという現象がある。あり余る金融資産と投資対象先の狭隘化によって限界利潤率が低下し、これによって、これまで投資対象にならなかった領域が浮かび上がる。そして、そこに協同組織という諸資本からみれば奇妙な不純物を見出す。これを取り除くために、彼らは国家の手を借りて制度的変更を強行する[2]。おそらく、こうした対応が一番やり易かったのは、アメリカという強力な援軍があり、金融庁という一元的行政機関が牛耳る金融・保険分野であった。

逃走論に身を委ねてはいけない。そうすれば、日本の政府系金融機関が身を持って示した結末を辿るだけだ[3]。

2 株式会社転換論批判

ここまで主張を進めてくると、次の重大な論点が見えてくる。それは、図2のような局面なら、もはや協同組織でいる必要はない、早く営利企業に転換してはどうか、という"魅惑的"な主張である。つい最近、いくつかの信用金庫が合併して預金残高一兆円を達成したうえで協同組織性を薄めて存続を図る、それを監督官庁も応援する、というニュースが伝わった。信用金庫業界では"銀行転換"はいつも魅惑的な誘いである。これは、悪魔の囁きだが、業界の公式見解は以下のように今のところ健

全である。

　我々信用金庫は、今後とも、自らの社会的使命として、国の重要な政策課題でもある中小零細企業の育成・再生、地域の活性化に貢献していく決意である。そのためには、現在の協同組織による信用金庫制度を堅持していくことが不可欠である。(「協同組織金融機関の見直し議論に向けた基本方針」、2007年2月22日、傍点は筆者による)

　しかし、スローガンや決意を一行書いただけでは"悪魔の囁き"には打ち勝てない。そこで必要なのが理論武装であり、それは次のような内容で構成されなければならない。
　図2によれば、協同組織はいわば資本主義・市場原理の海に浮いている小さな船である。そこで、①資本主義の海は永遠ではないかもしれないこと(もしそうだとすれば、海に合わせて船を改造する必要はない)。②協同組織の船が浮いていること

図2　市場経済と協同組織（先進国の実情）

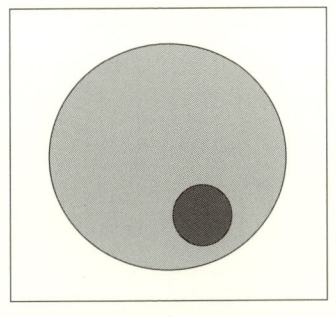

注：ほとんどの事業領域は◉市場経済の中にある（皆既日食型）か少しだけはみ出る部分がある（金環食型）になる。はみ出る部分が今後大きくなる可能性もある。

自体が人類のひとつの希望になりうること、を積極的に主張しなければならない。

これまで、協同組織の存在意義を主張するために利用されていた論理は、いわば補完論とも言うべきものである。つまり、資本主義は利潤原理だけではカバーしきれず、そこには公的な分野や協同組織が担当する領域があると主張する。さらに、後者がないと全体がうまく機能しない、いわば資本主義の必然的補完物として公的・協同分野を位置づけるのである。しかし、この論理は、資本主義が"完成型"に近づくにつれ効力を弱めていく。資本が要求する限界利潤率の水準が下がり、あらゆる分野での活動が可能となれば（これが資本主義の完成である）資本主義はもはや補完される必要はない。端的に言えば、補完論は逃走論である。「規制改革・民間開放推進会議」なるものが推進しているのが"資本主義の完成"であるとすれば、もはや補完論では対抗できないのは自明である。

①について。資本主義が経済体制として歴史的に有限であることを主張したのは、マルクス、レーニン、シュムペーター、そして視点は異なるが社会学者のダニエル・ベル[4]などである。それぞれに反論があり、特にマルクス・レーニンに対しては社会主義の先行的崩壊という現実もあるため、彼らの資本主義観は現在ではあまり省みられないが、人類の将来を考える上では再評価を必要とする。

資本主義は勝利したかにみえる。しかし社会主義の敵失によるところが大である。エラーの主なものは、中央集権の確立による独裁政治下での人々の自由の抑圧、その結果としての官僚主義と人々の側の創造性の喪失である。端的に言えば、社会主

義には人々の自由とベンチャー精神がなかった（育たなかった）のである。

3 本当の危機・4つの難問

しかし、現実が示すように勝ち残った資本主義も決して順調ではない。日本をはじめとする先進資本主義国は社会主義よりももっと恐ろしい確実な破壊力を持つ"難敵"と遭遇することになった。

資本主義がこれまで発展し、まがりなりにも人類に物的豊かさを提供してこられたのは合理的精神と近代科学という両輪にうまく乗ってきたからである。合理的精神は近代的経営として具現し、近代科学は資本の科学として直線的に進展した。しかし、この両輪がそれぞれ難問を生み出し壁に突き当たった。考えようによっては、現代の資本主義はマルクス・レーニン主義が想像し得なかった深刻な危機に直面している。

よく言われるように現代の大問題は格差の拡大である。格差はあらゆる次元・位相で語られるが、その中心は国と国、そしてある国の中の人々の間のそれである。世界では毎日、多くの人々が銃や爆弾で死傷し、多くの人々が飢餓に苦しんでいる。こうした問題の原因には宗教上の問題や、資本主義の配分機構の限界などがあるものの、根源にあるのは国家間、人々の間の所得格差・富の偏在である。ところが、近代的経営は所得格差を是正するどころか、富める者をますます富ませる。そのかわり近代的経営は自らができないこと、つまり所得の再配分を国家の財政機能に委ねるが、それができるのはせいぜい一国内で

あり、そこでさえ財政危機で事は首尾よく進んでいない。結果として世界をみれば、一日数ドルで生活している人が数十億もいる反面、世界の富は少数の国の少数の人々に保有されている[5]。資本主義が"進歩"したかどうかは怪しいが富の偏在が進んだことは明らかである。

　近代的経営がもたらしたもうひとつの大問題は、資本の生産活動によって生ずる環境汚染である。もっとも、社会主義を標榜する国々での環境汚染も深刻だったが、それは指導者達の未熟さとモラルの低下に起因する。

　自然を利用することが無償で、さらに自然を汚染しても直接に責任を問われないなら、個々の企業の環境汚染は止まらない。先進国内では、社会的に規制をかけ、これを止めようとしているが、その論理は途上国には通用しない。自分達が散々やってきたことを途上国にやらせない権利はない。隣国の中国発の環境汚染に日本は文句を言えない。頼みは中国の経営倫理だが、競争者の言う倫理を聞いていては世界競争では勝てない。京都議定書もサミットの合意も新興の大きな資本主義国が参加しなければあまり意味はない。海や河が濁り、大気が汚れ、地上がゴミの山となり、そして温暖化するという人類絶滅シナリオを近代的経営は避けることができないのである。

　自然科学も、それを推進する科学者も精神は一直線である。薄くつくれと言われればどこまでも薄く、軽くといわれればどこまでも軽く。これが科学の直線性であり、それは、目的を追求することで生じる様々な問題に一切顧慮しない性質を言う。科学の持つこの性質が利潤を目指す資本の直線性と一体化したことで他の時代にはみられない"偉大"な進歩が生じた。しか

し、ここでも前代未聞の難問に行き当たる。

あらゆる生産活動はエネルギー源を要する。大量生産を短時間でやろうとする近代資本主義は大きなエネルギー源を必要とする。しかし20世紀になってわかったことだが化石燃料には限界があった。そこで少量の物質から大きなエネルギーを生み出すことが科学のひとつの課題となった。この課題は爆弾製造という手っ取り早い実験を経てついに実現する。人類は神の火・核エネルギーを手にしたのである。

核エネルギーの問題点は自明である。それを平和利用に限定する保証が国際的に得られないことだ。核兵器を保有しているかもしれない"かの国"を誰も制御できないのである。ヒロシマ・ナガサキの持続的な運動のおかげで三発目の悲劇は未だ生じていないが、人類が既に"神の火"を持ち、それをコントロールできないでいる現状は変わっていない。

人類はいま神の火ばかりでなく神の技も手にしようとしている。

臓器移植を望む人は先進国を中心に数十万人とも数百万人とも言われている。しかし提供される臓器はごく限られている。富裕な人々はアメリカに滞在し機会を待つ。費用は数億円ともいわれるがそれでも希望者は後を絶たない。脳死を待っていられない人々は生体を求めて中国へ、そして最近ではパキスタンへ移動する。これらはすべて資本主義らしく金銭的に取引される。

需給がアンバランスなのだから、経済的解決法としては需要が減らない以上供給を増やすよりない。かくして科学である医学の世界に号令がかかり一直線に動き出す。そして辿りついた

先はクローン開発であった。ES細胞[6]を使ってそれぞれの臓器を作る方法も研究されているが、いまのところうまくいってない。もしつくり出せたとしても保存も問題だし拒絶反応も未解決である。

クローン人間をつくり出せるなら、様々な臓器をワンセットで作成したことになる。保存も"簡単"である。クローン人間が生きていることが保存であるからだ。またクローンの製造工程は完全に管理・記録されるから、それだけ拒絶反応を防げる可能性が高い。

しかし"待て"と天の声が聞こえる。クローンも人間である。彼らは決して臓器をワンセットで持つ商品ではない。これ程、明瞭に科学技術の限界が示されることはあまりない。辿りついた先は神の技だったが、それを行使した途端に"人間を否定"することになるかもしれない[7]。

クローン技術をヒトに適用することは各国の自主規制で禁止されている。しかし、禁止と不可能は違う。人類が限りなくゴールに近いことをクローン羊"ドリー"が示してくれた。臓器売買では巨額の資金が動いている。しかし、神の技への一直線の暴走を資本主義経済は止められない。それは利潤原理に照らして"合理的"だからである。

富の偏在、環境汚染、神の火と神の技の獲得は、近代的経営と科学技術が自ら生み出した帰結である。そして、ここが問題だが、これらを制御することができないのである。自ら生み出した物が自らに有害であるにもかかわらず対処できない状況は、まさに"死に至る病"である。社会主義は自滅したがこれらの諸問題は自滅の気配すらない。

両輪を駆使し続けて資本主義をこのまま突き進めるのは危うい。これに気がついて、人類のあり方（the Next）を探る試みは既に始まっている。起業家精神を高揚させ創造性を取り戻していこうとする"ベンチャー資本主義"、利潤原理から離れてNPOや協同組織を中心に社会を再編成する方向、とりあえず中央集権から地方分権さらにコミュニティを中心とした社会を考える方向、環境保全を最優先に掲げ多少生活が不便になってもこれに適応する、いわゆるナチュラリスト志向、等いろいろだ。現在までのところ the Next への決定的構想はまだないが、脱利潤原理であること、そして人間を中心におき、人々の関係を重視するものになることは予想できる。

　ここで強調したいのは the Next の構想と推進主体に、協同組織がなりうるということである。だから協同組織を存続させることは人類の選択のカードを一枚増やすことになる。もちろん、そうなるためには効率的な組織として自らを磨かねばならないのは当然である。

　資本主義の海に浮かぶ協同の船が、自ら、協同の旗を降ろし営利の旗を掲げることは、カードを破る行為である。逆にこの船をなんとか操縦し続けることは未来を開くことである。

むすびにかえて

　資本主義の海は競争の世界。ひとつでも他の船を沈めた方が自らの航行は楽になる。営利企業にとって、相手が営利であるか協同であるかの区別はない。資本主義で重要なのは外面であり形式である。協同組織の船が"我々は違う、哲学も心情も"

と叫んでもそれは荒波の音にかき消される。彼らは構わず攻撃を仕掛けてくる。

では協同組織の船はどう闘うのか。おそらく答えは二つである。

船は船長にまず委ねられている。船長とはいうまでもなく経営者である。経営者の仕事は、先を読むこと、そして決断し、実行することだ。協同組織はどこでも民主的な組織で、様々なレベルで参加する人々の意見を聞こうとする。しかし、それを聞いて実行するだけなら先を読んだことにはならない。人々が一年後に何を求めるかを先読みして動いてこそ経営者である。本稿ではふれなかったが、これは"会議"の指摘したガバナンス問題にも関係する。民主主義と経営者の判断との兼ね合いは重要な課題だが、協同組織の現状はまず経営者を求めていると思う。

次は、協同組織間の連携の推進である。日本の協同組織は種々あるが相互の連携はあまりない。農協と生協が仕事で手を組むとそれだけで話題になったりする。金融分野でも、信用組合と信用金庫でさえ遠い存在である。三年前に札幌で協同組織金融機関のシンポジウムが開催されたが、これが日本で最初の交流の場であった。ICAなどの世界大会では一堂に顔を合わせる日本の協同組織が国内に戻ると知らん顔というのも妙なことだ。

協同組織への攻撃は全分野に亘っているのだからここは戦線を統一して対抗すべきだろう。昔のいきさつや、それぞれのイデオロギーを超えて協同組織を残すために団結するときが来ている。

[註]

1) 金融庁は、公務員削減が常識の中で唯一発足以来増員が続いている官庁である。発足した1997年は400人。それが2005年には3倍以上の1300人。その後も増員が続いており現在では一大官庁である。不祥事で財務省から分割されたのだがまさに"焼け太り"である。(監視を受ける金融機関はいずこも人員削減だが金融庁は2006年も195人の増員要求を出している。)森田実氏の講演は2007年2月13日、連合栃木総合生活研究所主催で行われた。

   金融庁のリレバン政策批判は次の論稿をみられたい。濱田康行[2005]「金融庁が牛耳る中小金融」『日経ビジネス』12月12日号。

2) 規制緩和が実際のところあまりビジネスチャンスをつくり出さず、逆にそれを利用できる大企業に有利に働いていること、および金融の世界では逆に規制が強まっていることについては次の論稿をみられたい。濱田康行[2005]「規制緩和とビジネスチャンス」『商工金融』第55巻第7号、7月号。

   市場化テストについても同様なことが言える(濱田康行[2006]「規制緩和はビジネスチャンスか——市場化テストの現実」『信用組合』4月号)。

3) 政府系金融機関の存続の必要性とその論理については次の論稿で主張している。濱田康行[2006]「政府系金融機関は本当にいらないのか」『金融ジャーナル』2月号。

4) ダニエル・ベルは「資本主義の文化的矛盾」を著し、資本主義はその基となるコミュニティが崩れ、人々の精神から聖なる部分が抜け落ち、やがて人々がバラバラになり快楽主義に陥ると主張した。つまり、文化的に崩壊するとした。

   それへの対応は経済の均衡を維持しつつ、創造性を取り戻し、平和に徹し、人々の絆を取り戻す社会の再建だが、このうち協同組織にできるのは人々の絆を取り戻すことである。協同組織は様々な事業分野に存在するが、それぞれの事業を通じて人々の絆を取り戻すのである。

5) 世界の所得格差・富の偏在について数字を示しておく。

   世界で資産が100万ドル以上ある人は2000年時点で870万人、全人口の0.13％にすぎない。世界の富の合計は125兆ドルと推定されるが

2％の人口が51％を保有している。1％の人々で40％である。(国連大学世界開発研究所の統計、2000年時点)。

日本の格差拡大傾向については以下の事実を示しておく。

- 日本で生活保護を受けている世帯数は1995年以来増加し続け、2003年では94万1270世帯となり過去最多である。
- 日本では全世帯のわずか2％が持つ純金融資産(金融資産－借金)のシェアは18.4％(2000年と比べて2％のアップ)である(2005年時点調査)。ちなみに、1億円以上の純金融資産をもつ世帯は81万3,000世帯であった。
- 所得格差を示すジニ係数でみると1979年に0.271であったものが一貫して上昇(つまり格差が拡大)し20年後の1999年には0.301になった。
- また年齢構成別にみると60歳以上で0.33と高くなっている。

市場原理主義の推進がこれらの傾向を助長していることは否定しがたい。

6) 胚性肝細胞。受精卵が成長すると、ある段階で様々な組織などに枝分かれする前の「幹」となる細胞ができる。これをES細胞といい、万能細胞と呼ばれるが、まだ応用には10〜20年かかるといわれている。

7) 神の技を持った人間が、人間社会がどうなるかについては経済学の出る幕はない。これは優れた小説家の想像力・創造力に任せた方がよい(カズオ・イシグロ『私を離さないで』土屋政雄訳[2006]早川書房)。

3 協同組織金融機関の
今日的存在意義と経営課題

齊藤 正
(駒沢大学経済学部教授)

はじめに

 グローバル化時代に対応する金融システムを構築するとして、戦後日本における金融制度を見直すために展開されてきた道筋は、バブル経済の負の遺産たる不良債権処理問題に多くの時間と多大なコストを要しながらも、金融ビッグバン(1998年4月～2001年3月)、「中期的に展望したわが国金融の将来ビジョン」(2002年9月)、「金融再生プログラム――主要行の不良債権問題解決を通じた経済再生」(2002年10月)、「金融改革プログラム――金融サービス立国への挑戦」(2004年12月)、郵政事業民営化および政策金融改革などのプロセスを経て総仕上げの局面にある。

1 規制改革・民間開放推進会議第三次答申

 こうした一連の流れの中で、昨年暮れの12月24日、『日本経済新聞』の一面に躍った、「信金・信組に『地銀型』」という見出しは多くの協同組織金融機関関係者に少なからず衝撃を与えた。それは、政府の「規制改革・民間開放推進会議」が翌

25日に安倍首相に提出する第三次答申の中に、協同組織金融機関を大企業向け融資が可能で税制上の優遇措置を廃止する機関と、中小企業向けの地域密着型の機関とに分けることを金融庁が検討しているということを伝えるものであったからである。

中小企業金融制度ないし協同組織金融機関制度に関する見直し論議は、すでに、1960年代後半、貿易および資本自由化に伴う金融効率化行政の下で金融再編成が進められるなかで開始された。

金融制度調査会（当時）には以下の三つの案が提出され、激しい議論が交わされた。すなわち、①協同組織金融機関としては信組だけとし、信金と相銀を株式組織の「中小企業銀行」へ転換させると主張した末松私案、②信金を株式組織の専門機関と協同組織の専門機関に分割するという、滝口金融制度調査官による試案、③中小企業の階層性に対応した専門機関が必要であるとして現行制度の維持を主張した川口私案、である。小原鐵五郎全信協会長（当時）の下、信用金庫業界あげての運動もあって、川口私案の線に沿って協同組織金融機関制度の維持が再確認されることになったが、その意義は、「主力分野」としての大企業－大銀行、「補完分野」としての中小企業－中小企業専門金融機関という、高度成長期において事実として観察された「金融の二重構造」視点に立って、貸出市場が決して均一な「完全競争市場」ではないこと、中小企業の階層性に対応する専門機関が存在する根拠があることを明らかにした点にあった。

1970年代後半以降における低成長経済への移行、および1980年代以降の金融自由化・国際化の進展によって、金融制

度全般の見直し問題が浮上するなかで、協同組織金融機関制度についても見直し論議が再燃することとなった。都銀をはじめとする大手行による中小企業向け貸出攻勢が激化し、高度成長期とは一変した熾烈な「生き残り競争」がリテール、中小企業向け貸出分野を主戦場として現出したからである。ただし、そこにおいても、中小企業向け貸出分野や農業向け貸出分野においては、依然として「対象の専門性」に基づく金融機関の存在意義があり、協同組織性をとることの意義があるとして、協同組織金融制度が再確認された（金融制度調査会金融制度第一委員会「協同組織金融機関のあり方について」1989年）。

だが、上記「第三次答申」に見られる見直し論議は、従来とは様相を異にしている。それまでの見直し論議が国内における枠組みとして処理されうる問題であったのに対し、今次は、1990年代以降、グローバリゼーションが著しく進展し、「グローバル・スタンダード化」（「会社化」、BIS規制、会計基準など）が図られるなかで、協同組織のスタンダードをグローバル・スタンダードといかに適合させるべきなのかという、新たな問題が底流にあるからである。言い換えると、資本にとっての効率性を唯一、競争の基準として強制する「資本の論理」が席巻し、地域経済の持続的発展の基盤が崩壊する状況に直面しているなかで、いかにして「協同の論理」がそれに対抗しうるのか、存在証明が求められているからである。

以下では、中小企業金融の実態に即して協同組織金融の今日的存在意義を探ることにしたい。

2　金融の階層性の強まりとリレバン機能強化の必要

　中小企業庁の『平成 16 年中小企業実態基本調査報告書』（調査時点は 2004 年 9 月）には、中小企業の事業継続状況に関する貴重な調査結果が示されている。それによると、2001 年 10 月に事業を行っていた中小企業約 435 万社のうち、2004 年 9 月に事業を継続していた企業は約 379 万社で、継続率は 87.1 ％であり、わずか 3 年の間に 56 万社が消滅したことが示されている。また、法人企業の継続率が 93.1 ％で、約 10 万社の減少であるのに対し、個人企業は同 83.8 ％で約 45 万社の減少と顕著な落ち込みが示されている。産業別では卸売業の 91.6 ％以外は事業継続率がすべて 90 ％を下回っており、とりわけ小売業（83.1 ％）、運輸業（83.4 ％）の落ち込みが顕著であることが示されている。

　そこには、全国至るところで進行して来た「シャッター通り商店街」、「マンションに建て替えられた町工場」といった変貌がデータによって明確に裏付けられている。1999 年の改正中小企業基本法と 2000 年に成立した小泉「構造改革」による中小企業政策の転換の下で、販売不振など事業環境の悪化と将来性に対する不安、経営者の高齢化と後継者難による事業継続意欲の低下などとともに、金融難も事業継続を断念する大きな要因となっている。企業規模が小さくなるにしたがって、資金需要が金融機関からの借入によって充足されず、あるいは金融機関から融資拒絶に遭って、ノンバンクなど割高な金利の「その他借入金」に頼らざるをえない傾向が鮮明であり、それゆえ、

金融機関借入れの可否が事業の継続可能性を左右する構造となっていること、近年の「貸し渋り」や「貸し剥がし」によって、特に短期の運転資金についてその傾向が強く表れていることが『法人企業統計年報』ほか各種統計によっても示されている。また、中小企業金融公庫総合研究所の『保証先中小企業金融動向調査』に拠ると、1998年度を境にプロパー融資と保証付き融資を併用している企業が減少し、プロパー融資か保証付き融資のいずれかだけを利用している企業への二極化が進んでいること、および、保証付き融資を50％以上（「全額利用」と「半分以上」を合わせた合計）利用している企業の割合が従業員20人以下の企業では過半を占め、小企業ほど保証付融資によって経営が支えられていることが示されている。

このように、金融機関に不良債権処理を強制し、地域金融機関の整理・淘汰を強行する際の理由とされてきた画一的な金融検査マニュアル行政、および小泉「構造改革」と一体となった中小企業政策の転換の下で、大企業と中小企業とのあいだの資金調達格差が拡大しているのみならず、中小企業のなかでも、「階層」別に捉えると、「小企業」と「個人企業」における金融的困難性がいっそう強まってきたのである。こうした「金融の階層性」の強まりが地域経済の深刻な衰退、ひいては日本経済の「持続的発展」の基盤を掘り崩す重大な要因となっていることは言をまたない。

こうした、「金融の階層性」の強まりが観察されるなかで、中小企業金融手法に関して業態間で明確な分化が見られるようになった。その一つが直接金融への志向であるが、間接金融についても、トランザクション・バンキング（TB）とリレーシ

ョンシップ・バンキング（RB）という二つの手法への分化が明瞭になっている。

中小企業は大企業に比べて担保力に乏しく、財務データの整備も不十分なため、従来型の融資手法では取引の小口・煩雑さが審査コストや債権管理コストを押し上げ、融資の拡大を制約してきたといわれる。しかし、IT技術の発展により、膨大な中小企業の財務データが集積され、営業年数や収益性など一定の基準にもとづく格付、信用リスクの数値化が可能となり、CRD（Credit Risk Database）に基づく「クレジット・スコアリング」の導入によって中小企業向け貸出の拡大を図ろうとする動きが活発化してきた。こうした、主として財務情報に基づく定量的信用リスク評価に基づいて、融資実行の有無、与信額、金利等の融資条件をいわば機械的に判定する手法がTBであり、大手行を中心に広がってきた。

しかし、TBのように、大数の法則を用いて中小企業向け貸出をシステム化しようとする手法で個別的・相対的性格の強い中小企業向け貸出をカバーしうる範囲は限定的である。事実金融検査マニュアルに基づく債権査定基準の厳格化もあって、融資を拒絶される中小企業が広がり、それが地域経済の回復を阻んでいるとの批判が強まった。

そうした批判への対応が金融審報告「リレーションシップ・バンキングの機能強化に向けて」（2003年3月）であった。そこでは、情報の非対称性が強い中小企業金融においては、審査費用に加え、継続的なモニタリング等のコストを要するため、RB（「金融機関が顧客との間で親密な関係を長く維持することにより顧客に関する情報を蓄積し、この情報を基に貸出等の金

融サービスの提供を行うことで展開するビジネスモデル」）が有効に機能するとされる一方、わが国では RB の機能を活かした、定量化が困難な情報を活用した融資が行われておらず、過度の担保や保証の徴求に依存したり、モニタリングやスクリーニングが適切に行われていない現状が指摘され、地域・中小企業金融における RB の機能強化の必要性と具体的な取組みへの方策がアクションプログラムの中に盛り込まれることになった。

3　リレーションシップ・バンキングの機能強化の方策

　RB の「機能強化」として求められている内容は、金融庁の「中小・地域金融機関向けの総合的な監督指針」に集約されている。すなわち、「管理会計の活用のほか、取引先企業に対する経営改善支援の実績等、自らの営業地域における収益状況についての的確な分析を行うための収益管理態勢の整備が図られているか。また、その分析結果等を踏まえ、地域貢献に関する取組みの具体的効果に的確な検証が行われているか」というものである。

　すなわち、「機能強化」の眼目とは、管理会計手法に基づいた、リスク、コスト、リターンを計測した収益管理態勢の構築と地域貢献への取組の強化であり、これまでの右肩上がり経済の下で、担保や保証人に依存し、ボリュームや件数を追求してきた融資モデルからの脱却にある。すなわち、顧客とのリレーションの強化が求められているからといって、リスク、リターン、コストを度外視した中小企業向け融資の増加それ自体を追求するということでは決してなく、貸出に伴うコストおよびリ

ターンを計測するとともに、リスク資産を保有する貸出に対しては必ず「資本」の備え（引当金）が必要であり、それを加味した収益管理が求められているのである。「目利き」能力とは、そうした管理会計手法に基づく、銀行収益に貢献する融資先の開拓や既存融資先企業のランクアップを図る能力なのである。また、自己資本比率についても、「貸し渋り」批判を受けるような、「高さ」それ自体を維持することではなく、自己資本をいかに生かすのかということが課題とされているのである。

その点を中小企業向け貸出市場を例にとり、より具体的に確認することにしよう。

図1　中小企業向け貸出市場

	保証付融資	プロパー融資
トランザクション・バンキング	A	B
リレーションシップ・バンキング	C	D

図1のように、中小企業向け貸出市場は、A～Dの四つの市場に大別してとらえることができるが、たとえば、CRDに基づくスコアリング型融資や標準化が可能な個人向け住宅融資はA、Bの領域に含まれ、上記金融審報告がRBが有効に機能する領域として示したのがCおよびDの領域であると捉えることができる。

地域密着型金融機関に求められている「機能強化」とは、CおよびD、とくにDの領域に可能な限り特化することにほかならないが、地域密着型金融機関がそれらの領域に経営資源を集中してきたとは必ずしも言えない。地域密着型金融機関のなかにはC、Dの市場ではなく、A、Bの市場を志向していると思われるところも見受けられるのであって、その際、一つの理

由として挙げられているのが、借入需要がない、というものであり、いま一つの理由は、顧客とのリレーションシップを図ろうとしても、肝腎の経営者が聞く耳を持たない、というものである。だが、C、Dの市場における融資対象の拡大を否定したり、「深耕」を断念することは、自らの存立基盤を否定するものにほかならない。

　明らかなことは、TBの領域であるAやBの市場では「規模の経済性」や「範囲の経済性」に基づく経営の効率性が優劣を規定しているのであって、地域密着型金融機関がその方向を志向することは、大手行など他業態との勝ち目のない消耗戦を強いられるということである。したがって、地域密着型金融機関としての使命を今後とも果たそうとするのであれば、C、Dの領域における「機能強化」こそ最大限追求される必要があるということである。

　そこにおける「機能強化」とは「高コスト高利回り経営」の徹底ということになるであろうが、高コストをカバーする高利回りを確保するためには、「ソフト情報」をも含めた「高付加価値」を提供しうるか否かが決定的に重要であろう。それに対し、地域密着型金融機関の業態からはそのような高利回りを徴求した場合、他業態との金利競争において不利となるという「反論」が予想される。しかし、そうした「反論」はTBが有効な市場A、BとRBが有効な市場C、Dとの「混同」に起因する「誤解」に基づいていると思われる。大手行がTBが有効な市場A、Bを志向する理由は「高コスト」を敬遠するからであって、RBが有効な市場C、Dに参入すること自体想定し難いし、よしんば参入した場合でも大手行もまた市場C、Dにお

いては高コストを免れることはできないのである。それゆえ、市場C、Dにおける「高コスト高利回り型」経営の徹底が大手行ほか他業態に対して決して劣位になることを意味するものではないということが確認されるべきである。

　また、小規模企業ほど借入金依存度が高く、それらの借入需要が必ずしも銀行によって充足されずに、ノンバンク融資に依存していること、『2007年版 中小企業白書』にも示されているように、小規模企業ほど、より多くの金融機関と取引を行っており、「メインバンク」関係が安定していないこと、などの事実は、逆にRBの機能強化を通じた市場C、Dの「深耕」によって「メインバンク」化の可能性が大きいことを示しているのであって、「貸したくても借り手がいない」など、そもそもRBの機能強化の前提たる市場C、Dの存在自体を否定することは性急に過ぎるのではないだろうか。

　以上、RBの「機能強化」の核心とは何かについて言及してきたが、同時に、協同組織金融機関は協同組織という経営資源がRBの機能強化にとって最大の武器、他業態に対する「絶対優位」を保証することを指摘しておきたい。

　すなわち、RBが有効な市場C、Dにおいては、会員（組合員）制に基づく会員とのリレーションシップの構築と狭域・高密度経営を通じて、「情報生産コスト」を引き下げる度合いが他業態に比して高いと考えられるのである。なぜなら、会員制がより強固になるほど、会員を通じて地域のさまざまな生きた情報が集中され、信用リスク計測のための審査コストの引き下げばかりでなく、ビジネスマッチング等モニタリングコストの引き下げも可能になると考えられるからである。

それゆえ、協同組織金融機関にはRBの機能強化のためにも協同組織性の強化が求められているのであり、その点への配意を欠いて、合併等規模の拡大を一面的に追求することは、経営基盤をむしろ弱体化させるおそれがあるであろう。

4 中小企業政策の強化とその方向性

しかし、RBの機能強化を金融機関の自己責任および個別的努力のみに委ねることには限界があり、地域金融システム再生に向けた法的・制度的条件の整備、社会的支援もあわせて必要である。

1980年代以降、戦後の中小企業政策が「弱者保護」政策であったという理解に立って、中小企業政策について経済効率性重視の方向性が打ち出され、中小企業の資金調達問題についても、「公」の立場から支援するという姿勢から経済効率性を重視する姿勢への転換が図られてきた。その法的追認が1999年の改正中小企業基本法であった。

しかし、中小企業の存在基盤が脅かされ、いかに再生させるかが地域社会の存続要件であることの重要性がますます高まっている現在、中小企業の存立条件を社会政策的に確保することが日本経済の「持続的成長」発展にとってもっとも重要な問題の一つになっている。また、中小企業向け貸出市場においてはミクロ理論の前提条件である、「自立した」中小企業の存在という要件を欠くケースがむしろ一般的であり、まず、社会政策的支援を通じてさまざまなマクロ的条件の是正が図られるべきである。

また、大企業に比べて割高な情報生産コストは中小企業の特性にのみ起因しているわけではない。大企業に比べ、中小企業のおかれた様々な不利な条件（不公正取引、選別融資など）・格差（自己資本比率など）、や金融行政のあり方（「画一的」マニュアル行政）などのマクロ的問題も、「情報の非対称性」のバイアスを拡大し、中小企業の銀行借入条件を悪化させている可能性がある。それゆえ、そうした障害を取り除く取組みとともに、信用補完制度の拡充と改善、日本版CRA（地域再投資法）や中小企業憲章の制定など法的枠組みの整備も併せて図られる必要があろう。

　今日、中小・零細企業の激減を伴う地域経済の深刻な疲弊は、地域経済振興を自助努力にのみ求められる状況ではもはやなく、国や自治体による経済振興策、財政・金融的支援策の必要性を増すものである。しかし、中央レベルにおいても、地方レベルにおいても財政状況が厳しさを増している現在、協同組織金融機関の社会政策的役割（公益）の分担にさらに期待が寄せられるとするならば、税制上の配慮等は、むしろ、地域経済振興策を展開する場合の社会的コストとして配意が強められるべき事柄なのであって、「護送船団」として批判の的にされるいわれはまったくない。

　もし、上述のような「支援」がさまざまなかたちでとられるならば、リスクを借り手の中小企業に一方的に負担させるのではなく、自治体、金融機関、中小企業者、地域住民、自治体労働者、など、地域経済の「利害関係者」間で「シェアする」仕組みとともに、地域経済の再生、したがって日本経済の将来にわたる「持続的発展」の道筋も見えてくるのではないだろうか。

4 協同組織金融機関のこれからの役割

相川　直之
(社団法人全国信用金庫協会参与)

はじめに

　「規制改革・民間開放推進会議」は 2006 年 12 月 25 日、協同組織金融機関に関する法制の見直しの必要性を提起し、協同組織金融機関は今後我が国の金融システムにおいてどのような役割を果たしていくべきかについて検討を開始するよう関係当局に要請した。

　本稿はこの問題に対して、長年信用金庫の世界で働いてきた人間として、その体験をもとにしての一つの考察であり、提言である。

　結論はおおよそ次のようなものである。信用金庫・信用組合は協同組織の金融機関として持続可能な地域社会構築のために主たる金融業務を展開し、金融の円滑を図り、我が国金融システムの中で存在感を発揮していくべきである、と。

　そのためには、どうすれば持続可能な地域経済・社会構築のために金融の円滑が図れるか、どのような規制や規律が必要かを考えるべきだ。以下はこうした問題についての若干の考察である。

1　協同組織金融機関の諸困難とこれへの対応の課題

　協同組織金融機関は今日いくつかの困難に直面している。その代表的なものの一つが地域経済の停滞である。景気は回復し、その回復期間は「いざなぎ」時代を超えて戦後最長になったと伝えられているのに、多くの地域住民や地域中小企業、協同組織金融機関に働く人間に景気回復の実感が感じ取れず、倒産や廃業にいたる中小企業は依然として後を絶たない。資金需要も弱い。そして先行きさらなる景気悪化を予想する中小企業者が少なくない。地域経済活性化の展望はまだ立っているとはいえない。それゆえにこそ金融審議会の報告書（いわゆるリレバンⅢ）でも、事業の再生や地域の面的再生が強調されるわけである。

　一方、グローバル時代に対応するためのリスク管理体制構築と称するものへの監督当局からの対応要請は、文字どおり引きも切らずで、もはや知識技術的にも労力的にも平均的な協同組織金融機関の対応限度を超えた状態になっているといって過言ではない。バーゼル対応疲労破綻がでかねない有り様である。全くおかしな話で、こんなものが経営に本当に必要なのか、役に立つのか検証がいる。

　こうした状態に陥った要因を協同組織金融機関の立場から振り返ってみるとその第一は、自己資本比率最重視政策であり、金融検査マニュアルに基づく検査の実施であった。バブルの崩壊でもなく、生産拠点の海外移転でもなく、1997年以降に相

次いだ金融機関破綻ですらなかった。バブルの崩壊や生産拠点の海外移転あるいは消費税率の引き上げを何とか乗り越え、赤字ながらも遅れず返済してきた取引先を、このマニュアル検査で、要注意先、要管理先として分類せざるを得ず、結果的に資金供給の道を閉ざしてしまったことにある。これで地域中小企業や個人（アパート経営者等）の経営は一層困難になり、破綻に至ったところも少なくなかった。そして、何より問題だったのは銀行では貸さないところ、面倒をみないところ、貸し剥がすところでも協同組織金融機関はなんとか対応してくれるという取引先からの信頼を失ったことである。基準が同じなのだから資産査定で銀行との差別化をはかることがきわめて難しくなり、存在意義が揺るいだのである。それだけでなく地域中小企業等が立ち直る時期を逸した。協同組織金融機関自体にとっても、マニュアルに基づく検査官の資産査定が自己の存在を揺るがすものとなった。検査によって自己資本不足と認定され、破綻・合併に追い込まれるところが相い次ぐことになったからだ。その後金融検査マニュアルは見直され、中小企業融資編が策定されたが、協同組織金融機関はいまだにマニュアル検査とその後の金融行政の打撃と呪縛から脱したとは言えない。それはマニュアル検査実施以降（2001年以降）の協同組織金融機関数の激減、預貸率の劇的低下となって現れている。地域経済の活性化あるいは再生、持続的地域経済の構築を考えるとき、自己資本比率最優先行政、金融検査マニュアル、バーゼル対応型経営管理といった一連の金融行政の見直しは絶対に必要である。グローバル時代に対応するためにはバーゼル型リスク管理が必要とのことだが、どうみても地域、中小企業、協同組織金融機

関の実態との距離があり過ぎるし、何よりこれらの政策で地域経済が低迷し、地域間格差が拡大し、地方自治体が破綻に追い込まれるようでは元も子もなくなるのである。地域経済、日本経済の視点に立ってもう一度見直すべきだ。

　その要因の第二は大企業中心の経済体制、経済政策の独走である。経済の構造的変化への対応による国際競争力の回復という大義名分のもとに、生産拠点の海外移転、リストラの徹底、企業規模の大規模化が推進されてきたが、これは下請け中小企業の切り捨て、企業城下町や企業誘致自治体の苦難、失業者の増大をもたらし、地域経済を疲弊させた。また、大企業の再生のために必要な3つの過剰（設備、金融、人員の過剰）解消策として国の政策が動員されたが、これらは預金利息をゼロ近くにしたり、給料を大幅に削減したりと国民に大きな負担を負わせ、さらには公的資金の投入などで財政負担の増大をもたらした。一方的通告による地域（の工業団地など）からの撤退で、地域に負担・損害をかけたものもある。日本経済再生のためにはこうした措置が緊急避難的に必要だったというが、問題なのはこうした諸措置によって大企業中心に景気が回復すると、大企業行動とこれをサポートしたすべての政策が免罪されてしまい、海外依存型経済、大企業製造業依存型経済がさらにすすみ、この形がむしろオーソライズされてしまったことである。地域経済や中小企業は後回しにされ、地域経済の活性化による日本経済再生は手掛けられないままになっている。大手小売業や大手サービス業の地方進出は地域の中小企業を駆逐し、商店街をシャッター通り化し、大企業の海外生産品は価格破壊をもたら

し、中小の製造業から小売業、サービス業に至るまで、その存在を脅かしている。それゆえ景気回復は順調に進んでいるといわれているのに地域経済は一向によくならず、地域格差をはじめさまざまな格差が拡大している。地域が自律的に持続的に発展していくためには市場競争の促進を図るだけではなく、地域社会が納得できるルールが必要であるし、地域企業、地域産業の支援措置も必要である。そしてルールが守られているかどうかについて、政府による監視だけでなく持続的地域経済構築に取り組む団体、個人の代表により構成される機関等による監視が必要になる。今考えなければならないのは競争と規制とのバランスである。

2　なぜ協同組織金融機関が必要なのか

　地域はこれまで述べてきた要因をふくめさまざまな要因によって壊れている。その再建再生と持続的地域社会構築は容易ではない。この構築のためには、これが必要だと考えるさまざまな事業体、個人の息の長い努力、小異を抑えて大同につく協同の行動が必要である。株式会社から非営利法人、公益法人、地方自治体、そしてボランティアなどがそれぞれに、力に応じて行動するとともに、これらの活動が連携でき、一つの方向に向かうマスタープランのようなものが必要である。そのためには公的機関がプランとそれに基づく行動のマネージャーになるべきだろう。

　同時にさまざまな事業体や個人の行動を金融の面でサポートする金融機関も必要となる。こうした金融機関は、利益がでる

ものならやる、利益の出ないものはやらないという行動原理を基本とするものであってはうまくいかない。株式会社の銀行のなかにも利益を得ることだけでは行動しないところが存在しないわけではないが、基本的には利益を生み出し、拡大することが事業目的である。だが、持続的な地域経済・社会を築くためには利益が出る事業だからやる、利益が見込めないから撤退する、あるいは利益が出る事業を独り占めにするという行動を跋扈させては成り立たない。地域活性化、持続的経済・社会構築のための協同行動は空中分解してしまうからだ。これまで地域の銀行も地域活性化のためにそれなりの役割を果たしてきたが、グローバル時代に対応する銀行経営はますます市場原理主義に基づくものにならざるを得なくなってきており、活動範囲も広域化し、持続的地域社会構築のサポーターの中心として存在することに無理がある。一方、協同組織金融機関はそもそも利益だけで動くことを中心目標にして存在しているものではない。これが市場原理主義的金融行政になじまないゆえんなのであるが、持続的地域社会構築のために協同するといううえでは好都合なものとなる。そもそも協同という性質を生来的にもっているからだ。さらに事業体運営における一人一票という組織原則は、買収、乗っ取り、数の力で経営を私するということから事業体を守る性格をももっている。

　ところで、協同組織は中間法人といわれる。株式会社と公益法人の中間的な存在という意味である。これは上述のように利益原理だけで動く事業体でもなく、さりとて公益だけで動く事業体でもないということである。中途半端なようにもみえるが、単一原理で動かないというところが重要である。この中間法人

について非営利という言葉が使われることがあるが、それはノン・プロフィット、全く利益を出さないものという意味で用いるならば、正鵠を得ているとは言い難い。資金がどこかからか与えられて、それを公益のためだけに使い、利益を出さないあるいは出してはいけない存在というものではないからである。しかし、ノット・フォア・プロフィットつまり利益獲得だけを目的としないという意味では非営利といえなくもない。もちろん、事業を展開し、かつ存続させていくためには利益を得ることは必要である。しかし、問題はなんのために利益を出すのか、その利益はどのように使われるのかである。今日のように協同組織の金融機関も金融機関だからとか、グローバル時代だからとかと、金融行政の圧力のもと利益を出すことに追われ、自己資本比率を上げることに振り回され、本来資金はどのように活用され、運用されているかを存在理由に基づき厳正的確にチェックするいとまがないようでは、協同組織のよさも発揮できず、非営利を標榜することもできなかろう。

　実際、残念なことだが、多くの協同組織金融機関においては、自らの存在理由はどこにあるのか、協同組織金融機関における非営利とはなにかについて真剣に考えられ、検討され、検証されてきたとはいえない。確かに銀行では貸さない中小企業その他の人々に、汗水垂らして集めた資金を融資することが、法律（信用金庫法など）に定める精神に合致していた時代もあったし、いまでも一部ある。しかし、時代は明らかに変化している。いま求められているのは貸出先を求めて、あるいは収益を求めて走り回ることではない。利益を出して自己資本比率を上げ、格付けを上げることでもない。持続可能な地域経済社会構築に

携わるものとして経営はどうあるべきか、利益はどうあるべきかを考え、行動し、支持を広げることだ。いまさら言うまでもないが、協同組織金融機関の会員・組合員は定められた地区に住み、事業を営み、働いている人々である。大企業を除くすべての人々といって過言ではない。その人達が生きていく土台がしっかりするよう行動することである。非営利ということばはそのための行動がどの程度なされているかによって測られるべきだろう。

なお、これまで地域、地域社会、地域経済ということばを自明のように用いてきたが、どの範囲を地域というのかを協同組織金融機関としてはこれから慎重に考える必要がある。地方自治体にとっては自らの市区町村を指すが、協同組織の金融機関にとってはどの範囲なのか現在必ずしも明らかではないからだ。というのは、今日合併等によって営業対象地域が広域化しており、活動範囲が何県にもまたがるところも出ている状況だからである。しかし、はっきりしないでは済まされない。持続的地域社会構築という課題に照らしてみて、また自らの力を勘案してみてどの範囲とすべきなのか再検討すべきであろう。中央機関・組織も協同組織金融機関間の状況や地方自治体の状態をもみたうえでアドバイスすべきではなかろうか。地域調整が必要なところもかなり存在している。

3 協同組織金融機関のガバナンスをめぐって

「規制改革・民間開放推進会議」の答申書の中には協同組織の金融機関は「株式会社組織の金融機関に比べてガバナンスが

十分に機能していないとの指摘もあり、業務面と合わせて組織面での制度の整備も必要であると考えられる」という文章がある。何を根拠にこう断じているのかつまびらかでないが、市場の監視にさらされていない、株主総会のような株主の圧力を受けていないから企業統治があまくなっているという意味なのであろう。市場万能主義からはそう見えるかもしれないが、決してそうではない。それについて述べることとするが、その前に最近の不祥事の多さをガバナンスの弱さと結び付ける言説もあるのでまずこのことについて若干触れる。信用金庫などでの不祥事の昨今の多発は、行政や市場の圧力の下で、協同組織の存在意義を学ぶことを忘れ、リストラと称して給料、賞与を矢継ぎ早に下げ、人員を減らし、さらに成果主義を導入するなどして、職員の士気を殺ぎ、仕事を過重にし、なおかつ仕事に隙をつくってしまった結果であり、経営運営の無理、失敗の現れである。それが最近になって表面化してきたのである。合併によって明らかになったものも少なくない。そういう経営を許したという意味でガバナンスが機能してなかったというのだろう。たしかに無関係とはいえないが、こう断ずるには少し短絡的で強引過ぎよう。各金融機関の不祥事をたとえば数年間で比べれば協同組織金融機関が特別に多いとはいえない。だからといって不祥事が許されるわけではないし、協同組織金融機関の方が少なくて当たり前なのだから恥ずかしいことで、反省は必要である。

　では、なぜ株式会社に比べて協同組織がガバナンス面で劣っているとはいえないと言うのかは、会員の一人一票にもとづいた経営統治－ガバナンスの仕組みは、株式、株式市場をもとに

したガバナンスの仕組みに比べると、公平性、公正性がはるかにあり、力の論理を抑える働きをもっているからである。しかし、それが文字通り機能するためには意図された通りの運営が必要である。ところが、現実の運営のあり方をみると問題がいくつかある。それを信用金庫の経営に携わったことのあるものとして振り返ってみると、その第一は会員の管理の面である。会員は協同組織の基礎である。しかし、現実の会員は協同組織の会員になりたくて会員になるわけではない。融資を受けるために会員になるのである。それでも事業者の場合は日頃の取引を通じて事業運営のあり方を知ったり、注文をつける機会もあるが、住宅ローンを借りるために会員になったような個人の人達は、融資を受けた後事業運営について知る機会も少なく、コミュニケーションをはかることもほとんどない。総代を通じて経営に注文をつける道があるはずだが、現実には総代との接触もほとんどない。したがって、協同組織金融機関は会員との意志疎通をはかるという意味で、会員管理の改善が必要である。現在の会員管理は出資管理のためのものに矮小化され、ガバナンスの出発点（会員の、会員による、会員のための経営の土台）になっているとはいえないからだ。なお、持続可能な地域社会構築という観点から考えるとNPOやその他の団体がもっと会員になりやすい道も考える必要があろう。

　その第二は総代の選考面である。総代の選考については総代選考規定に則って総代選考委員が選ばれ、総代候補者が選考されている。それは規定にしたがって行われているわけだが、総代選考委員自体を選ぶ過程や、総代選考委員が総代候補者を選出する前段の過程で（つまりだれを候補者としてリストアップ

するかに）恣意性が入り込む余地がある。会員の代表である総代の資格基準、基本条件も定められているとはいえない。少なくとも公表されていない。会員が自らの選任区で選出された総代に自らの意見を託す道は形式的にはともかく実質的にはほとんどない。総代会については株主総会に匹敵する運営がなされているものもないわけではないが、通り一片のものになっているところも少なくない。総代の意見を聞くために総代会以外に総代懇親会を催しているところも多くはない。総代会、総代懇親会などによって協同組織金融機関の経営がしっかり監視され、統治されているとは言いにくい。改善が必要だろう。

　第三は理事の選出、理事の構成面である。今日では会員、総代の代表者としての理事という側面が薄れている。常勤役職員と会員との分離は理事選出の面で進んでいる。それをあらわすのが非常勤理事の存在の希薄化である。合併等いろいろな事情があるにせよ、非常勤理事の全くいないところも存在している。理事が常勤している職員からのみ選出されるとなると、そは取りも直さずトップの意向だけで理事構成が決まり、代表理事も決まってしまうことになる。そして、トップのあり方を牽制する力が弱くなれば、たとえ協同組織、会員制度であっても事業・経営は総代、会員から離れていきやすくなり、経営は恣意性（トップの独走の余地）が増す。現に理事でないものが経営を牛耳ったり、トップの世襲が生まれたりするケースがあるのは協同組織の運営原則が守られていないからで、とくに理事の選出のあり方に厳正さが欠けているせいで、この点はガバナンスが機能していないといわれても仕方がなかろう。もちろん、常勤監事、非常勤監事、員外監事が経営を監視してはいる。監

査制度の改正によって監事の立場が従前と比べ格段に強くなってはいる。しかし、監事の中心的存在である常勤監事がどのように選ばれるかをみると、常勤理事経験者や常勤職員出身者である場合がきわめて多く、トップの推薦によっている。これでは監視力は強まりにくい。これは協同組織に限ったことではないが。

今日協同組織金融機関の経営にさまざまな問題が生まれている。それは外部環境、行政などによって生まれているものもあるが、協同組織運営のあまさから生じているものもある。それが本来もっているガバナンス面における優位性を希薄化させてしまっている面である。持続的地域社会を金融面でサポートする金融機関としてその存在を強めていくためには、会員、地域の構成員（会員以外のステークホルダー）に支持され、納得される事業運営を行い、ガバナンスが十分に機能していないなどといわれないようにしなければならない。

4　対象の専門性を巡って

1990年の金融制度調査会の答申によって、協同組織金融機関の存在意義は主として対象の専門性にあるとされた。協同組織金融機関も、自らは中小企業専門金融機関であるとしてその存在に誇りをもって臨んできた。実際、銀行による貸し渋り、貸し剥がしという事態に遭遇すると、大企業の自己資金力増大、直接金融市場における資金調達力増強によって銀行への依存度が低まり、銀行は中小企業分野と個人分野に進出せざるを得なくなってきたとはいえ、この分野は銀行にとっては一つのマー

ケットに過ぎないということがはっきりした。商売になれば進出し、商売にならなければ撤退する。これに対して協同組織金融機関は中小企業、個人は単なるマーケットではなくともに生きる地域のメンバーである。だから、中小企業専門金融機関としての旗を高く掲げることには意味があった。しかし、1で述べたように金融検査マニュアルの登場で融資基準、資産査定基準が銀行と同一化されると難しい事態が生まれた。この難しさは非現実的な基準を現実に近づけさせる努力をこれからもすることと、目利き力を強化することによってクリアしていく必要がある。ただ、現実を見ると中小企業の資金需要のきわめて弱い地域、住宅ローンなどに融資の中心をおかざるをえない地域で業務を展開する協同組織金融機関、あるいはその支店も少なくない。それに時代が大きく変わり、持続的地域社会の構築を図らないと、協同組織金融機関も地域中小企業も住民も、地域勤労者もその存在が危うくなる状況に立ち至っている。そうなると単に中小企業専門金融機関という旗を掲げるだけでいいのかという問題が出てくる。当初に持続的地域社会構築のために主たる金融業務を展開すべしとしたゆえんである。

　こうした方向で進むためにはしんきん中央金庫のような中央機関、全国信用金庫協会のような中央組織がどうあるべきかについてもっと強いリーダーシップを発揮すべきであり、また、税制優遇についても持続的社会構築のために必要なことがもっと強調されるべきである。

5 協同組織金融機関のガバナンス
――協同組織金融機関は誰のもので、誰のために、誰によって経営されているのか――

長谷川　勉
(日本大学商学部准教授)

はじめに

　協同組織金融機関のガバナンスは、株式型金融機関のそれとは異なっている。しかし、このことはあまり理解されていない。その原因は、金融機関として、同一の金融市場において類似した業務を営んでおり、日常からの差異を見出すことは困難だからだ。逆にいえば、株式会社型ガバナンスをコピーする方法での改良は、協同組織金融機関においてガバナンスが機能しなくなる可能性もある。もちろん、ガバナンス議論全体として捉えられれば、所有形態に関係なく取り入れるべき事例や理論は多くあるため、形態に関係なく参照は求められるべきであろう。

　ガバナンス問題は「協同組織金融は必要か」という問いに符合している。何故なら、協同組織金融機関のガバナンスは、株式型とは全く異なるからであり、従ってその存在を前提としているからである。逆にいえば、当該ガバナンスがうまく機能しているならば、組織の存在は認められ、かつ差別化された戦略を実行することが可能となる。ここでは、そのための、従来から抱える問題点を指摘し、課題を列挙した。

　コーポレート・ガバナンス（企業統治）に関する議論が、協

同組織金融機関の間においても高まりつつあり、かつ差し迫った課題として突きつけられている[1]。元来、協同組織においては、「誰の」「誰による」「誰のため」の議論は古くからなされてきたのであり、近年のそれは、統治という言葉を用いた再認識・整理にあるといえ、また自己資本比率、総代会、メンバー・顧客価値等と密接に関連している。その意味では、株式型企業に於ける企業支配論とは異なった経路を歩み、現代に至り共通の課題を抱えるようになっているといえる。そこで、本稿においては、コーポレート・ガバナンスの必要性・背景、協同組織金融機関が抱えてきた問題点、そして方向性について、仮定から現実的対応まで言及することにしたい。

1　協同組織型と株式型金融機関のガバナンス比較

　近年、協同組織金融機関のガバナンスの脆弱性に関する言述が度々みられる。場合によっては、当該形態を放棄し株式に転換することによって、新たなるガバナンスのシステムを手に入れ、この脆弱性を解消しようとする考え方すらある。また、株式型金融機関との業務上の同質化から、ガバナンスの同一性を求める主張もある。転換するならば、この種の議論は必要なく、経営学で論じられている一般的なガバナンス論にゆだねるほうがふさわしい。故に、流布している視点について検討しよう。尚、筆者の考える協同組織金融機関のガバナンス問題はこれらとは別個であり、後述するつもりである。

　まず、議論となる点は、協同組織金融機関への出資額の少額性である。メンバーの所属する所得階層・金融機関の戦略によ

って、当該組織の出資構成は少額出資者によって占められている。そのため、利害関係あるいは貨幣タームの観点から、各々の出資者が、組織や経営に対して注意を払うインセンティブは小さいとみる。しかも、協同組織金融に固有の一人一票原則はこの傾向を増長すると考える。従って、経営陣の経営リスクを未然に防止することはできないとみられる。他方、株式型金融機関においては、機関投資家、場合によっては外国人投資家、あるいは市場というものが、利害関係が大きいため、ガバナンスに関して感応的であり、かつモニターを行使すると考える。

次に借入者としての出資者である。借入者は金融機関に対して劣位な地位に置かれており、経営者層に対して発言権が弱いという考え方である。

さらに、協同組織金融機関においては、株価という市場ガバナンスが働かないという考え方で、かつ退出という抗議行動が取りにくいというものである。

加えてみられるものとして、実態面として、多くの協同組織金融機関の株式型金融機関的行動、言い換えれば初期・設立時のミッションの喪失は、もはや協同組織的ガバナンスを機能させる前提条件は消滅したという主張がある。

尚、この種の主張の多くは、暗黙裡に出資者と経営陣との間の二項対立を前提としている場合が多く、加わっても預金者ぐらいである。故に、広範囲な利害関係者群の調整としてのガバナンスを述べる場合には、不十分さを既に内包している。

以上の点について、検討を加えることにしよう。

近年の事実として、協同組織金融機関のいくつかにおいて、経営者のモラルハザード、経営判断の誤りによって、機関が倒

産したことはある。しかし、その点については、株式型についても同様であり、しかも金額的にははるかに大きく、周知の如く、公的負担も大きかった。故に、事実に基づけば、ガバナンスの相違によって、形態間の倒産率に差を発生させたとは考えられない。換言すれば、協同組織金融機関のガバナンスの脆弱性を理由として経営上の失敗が株式型よりも多いということはできない。この点に関しては、一般的に、日本の組織全体が抱えるガバナンス問題であったといってよいかもしれない。

さて、事実を別にし、将来を射程に入れて考えるならば、先に示した諸主張は検討に値する。ここでは、現実の協同組織金融の問題点、例えば、員外預金者の存在、意思決定システムの形骸化等を脇において理論的に検討する。

まず、出資者の利害は、協同組織金融機関の場合、出資額だけではないということである。借入利子、借入条件、借入機会、預金を含む金融商品の利回りの束も利害関係に含まれる。たとえば、出資者にとって配当利回りが高いとしても、借入機会を得ることができないのならば、利害は相対的に大きいのである。これは、出資者＝借入者＝預金者という三位一体システムに依拠する。明らかに、株式型金融機関の株主の利害とは異なる。故に、単純に、少額出資者の配当・キャピタルインカム利害が小さい故に監視というインセンティブが小さいと理論的にいうことはできない。

第二に、一人一票方式は、多数の出資者の利害関係を重視する。上で見たように、多数の利害関係者の利害が一致しない場合、とりわけこの方式は優位である。株式型では、ほとんどの株主の利害は一致し、代表的監視者としての少数株主と多数株

主の間の相違は大きくなく、そのため、多数株主による少数株主へのフリーライダー問題が発生するほどである。利益という利害で一致する場合、株式数に応じた投票配分は問題ない。

故に、協同組織金融機関においては、効率的な大口出資者を募集する困難、意思決定にかかる時間という問題を惹起するが、これはガバナンスとは別の問題である。

第三に、一人一票方式は、正常に機能すれば、少数出資者ないしは経営陣の専横を防止する機能を有する[2]。

第四に、協同組織金融機関のもつ限定的な活動空間(地域・職域・業域)は、声無きガバナンスをもたらす。別言すると、地域および集団内リピュテーションリスクはガバナンスとして機能し、株式会社以上に経営者規律を高める。何故なら、多くの協同組織金融機関は当該集団から逃れて経営することはできないからであり、しかも多くの経営者自身、そこに個人として生活基盤を有するからである。協同組織金融機関の経営陣市場の流動性はほとんどない。

第五に、政治権力決定に於ける民主主義国家で採用されている一人一票システムがしばしば機能しないからといって放棄する話が出てこないように、協同組織金融機関においても機能しないという技術的な問題であって、協同組織的ガバナンスの前提条件の消滅ということではない。前提となるミッションは、意識下に沈潜したに過ぎないし、元来日常的にミッションを見聞することは困難である。

第六に、株式と異なり、比較的小さな機会費用あるいは取引コストで、不備なガバナンスに対して当該組織からの一定の条件で退出という手段をとることができる。何故なら、拠出額の

額面価値は、株式のように変動しないからである。

　第七に、借入者としての立場は、理論的にアプリオリに断定することは難しい。というのは、借入者の地位は、当該協同組織金融機関において、借入者の財務内容と個人的資質そして金融機関側の対応に依拠するからである。上述の諸要因のいくつかが同一であっても、一つが異なれば違った状況が生まれるからだ。従って、一律的に借入者は劣位であるという主張に立脚しない限り、多様な借入者によって構成される出資者のガバナンスへのインセンティブが低下することにはならず、また預金者出資者の存在が理論的には低下を抑止する。

　第八に、退出という抗議手段が制限されているという主張に対しては、次のことが言えよう。まず、協同組織金融機関の原則に照らして、加入・脱退は自由であることを確認しておく。そのうえで、退出を阻害する要因は、当該協同組織金融機関による独占の程度である。これはケースバイケースであり、先験的に述べることはできない。協同組織金融機関自身の問題というよりも、市場全体の問題であろう。尚、株式会社型における退出の自由は、機会損失やキャピタルゲインロスの点からみれば、決して自由なものではなく、時に損失を伴うことがある。故に、協同組織に対するガバナンスの優越性の要因の一つとはなりえないであろう。

　以上の如く、理論的には、現代ガバナンスの要請に照らして、協同組織金融機関のガバナンスが劣位にあるということはできないし、転換によって解決するものでもない。何故なら、株式型金融機関において機能するガバナンス条件は、地域等に対して別のガバナンス問題を惹起するからだ。

しかも、転換は既に、法律によって自由に行うことができるのであり、個々の組織にその決定はゆだねられている。度々主張される協同組織にとどまることによる税制上のメリットは大きくはなく、むしろ様々な規制はそのメリットの一部を相殺している。また、政策を利用した協同組織形態による独占的地位がみられるわけでもない。仮に独占的地位があるとすれば、それは個別機関に依拠するに過ぎない。

　従って、政策的条件によって協同組織金融機関形態にとどまっているわけではなく、別の理由による。これについては別の機会に述べたい。

　尚、業務の同一性から株式型ガバナンスの適用を求める主張がある。金融機関である以上、業務の類似性は必然的であり、海外においては、協同組織金融機関の戦略に追随する株式型金融機関もある。しかし、この類似性がガバナンスシステムを株式型に合わせる必然性は、上で見てきたように理論的にはいえない。

　さて、問題は、組織形態ではなく、内包されている諸機能を、現代の要請に対して正常に機能させるかに求められる。特に、多様な利害関係者群の要求という課題は、従来の出資者対経営者という二項対立によるエージェンシー問題へと収斂することはない。新しいガバナンスシステムが企業全体で求められる中で、協同組織金融機関に具備されていたシステムは同期的に利害関係者を調整できることから、より一層の機能回復が希求される所以である。

　故に、協同組織金融機関が抱えてきた問題の解消は忌避できない。すなわち、その問題とは、経営者への権限の集中、出資

者の無関心、総代選出の不透明性、総代会の常態化・形式化、投票率の低さ、出資者対策の遅れ、長期的利害と短期的利害の対立、監視機能の低さ、意思決定システムの不透明性等である。これらは、右肩上がり成長によってカモフラージュされたに過ぎない。また、多くは、日本企業に共通した問題点でもあった。

2 外部環境の変化と改善への動因

しかし、上述した問題群を許容するような外部環境は既に消滅しつつある。

規制型金融の終焉、金融技術革新、低成長時代への移行と金融資産運用に対する意識の高まり、既存分配構造に対する不満、利害対立の複雑化、経営リスクの表面化、価値多様性、スピード感は、相互に作用しながら、利害関係者と経営との間の関係に様々な影響を及ぼしている。

例えば、預金者、借入者、出資者の間の経営成果を巡っての利益の配分[3]、長期的な便益を享受する者と短期的な便益を享受する者との間の対立、経営者の不作為を許さない技術革新とそれに伴うリスクの増大、企業の社会的責任等である[4]。これらは顕在化している場合もあれば、潜在化しているケースもある。

3 協同組織金融機関ガバナンスの特質と外延

協同組織金融機関は、以上のような動因に対して、株式型金融機関とは異なったシステムを持っている。原型としては、先

に述べた三位一体構造すなわち出資者・預金者・借入者が同一人格に備わるものを有している。そして、このステイクホルダーを基本的核として、員外預金者、その代理人である金融当局、当該金融機関に対する債権所有者（社債、優先出資等の所有者等）[5]、営業エリアの地域住民（自然環境・社会環境の代弁者）、従業員が位置付けられる。

ガバナンスとは、広義にとらえれば、以上のような利害関係者と経営サイドとの間の関係を表すのであって、狭義に見れば、出資者と経営サイドとの関係となる。企業の社会的責任、外部不経済、企業市民等の言葉をみてもわかるように、狭義の関係のみをとらえることでは不十分になってきており、魚眼的な視点が組織に近年求められている。まして、地域や特定集団を母体としている協同組織にとって、広義の利害関係者の利害を等閑にすることは、名声リスクを犯すことになる。

協同組織の場合、従来、三位一体構造の考えから、ステイクホルダー間の利害対立は小さかった。そのため、経営結果の配分についてもファインチューニングは必要なかった。しかし、員外預金者、金融市場での活動が進むほど、三位一体の外に属する経済主体に対して調整を実施していく必要がでてくる。もっとも、理論的には、三つの性格を体現している顧客であるメンバーの比率が高いほど、利害対立は低く、ガバナンスあるいは利害調整は容易となる。このメンバーが地域住民であればなおさらである。この点は重要である。

言い換えれば、ある人物が、金額は別として、出資者、預金者、借入者、地域住民である場合、出資配当、預金利子、借入利子、地域・社会貢献に関して、配分に不均等があったとして

も、同一ケースの株式型と比べれば、利害対立は大きくないということである。例えば、借入金利が高くても、出資配当が高ければ、ある程度相殺されるからだ。

しかし、このような純粋なケースの仮定は現実を説明できるわけではない。一体性には漏れが既に生じているし、利害調整の形骸化もみられ、また同一人格であっても金額の多寡による利害対立が認識されつつある。故に、ガバナンスシステムの改良が求められてきている。

4 ガバナンスシステムの改善を志向して

ポイントは、事前的な経営資源の配分と事後的な結果の配分に関して、利害調整会議の設置、出資増強、潜在的メンバーの組織化、ミッションの共有化に向けた教育とパブリシティー等である[6]。利害関係者が多様化し、時間軸が挿入されてくると、この調整は、ますます複雑になる。短期的な株主利益の最大化というような単純な調整はここではできない。他方、何もやらないということは、今日の金融市場において認められない[7]。

基本的には、利害関係者の当該金融機関への参加を、あらゆるチャネルを通じて促すことに尽きる。その上で、総会・総代会そしてその他の新しい利害調整会議において調整が図られる必要があろう。

そのためには、形骸化・非効率化しているコミュニケーションシステムと意思決定システムの改良は不可欠である。

そこで、チャネルについてその一部を具体的に列挙してみる。電子投票、諸会議出席に対するボーナスないしはペナルティ、

年次会議に変わる定期的な多角的な利害調整者による会議である。

　これらは、利害調整の複雑さを減少させるとともに、効率的な意思決定を促す。また、当該組織にあらゆるチャネルを通じて「参加」することから、利己と利他に基づく利害やロイヤリティも強固となる。結果として、ガバナンスの改善とは組織の経営戦略と密接な関係を持つことになる。単なる組織統治の問題へと矮小化させてはならない。

　以上のような「参加」を可能にするためにも、協同組織金融機関側からの情報公開は欠かせない。近年、会計報告の半年開示等はその延長線上になっていることは確かであろう。しかし、情報は開示されればよいというものではない。メンバーによって咀嚼され、それらへの理解が経営にフィードバックされる仕組みが前提となっていなければ、単なる徒労に終わってしまうであろう。換言すれば、メンバーからの自発的な情報要求を促すフレームワークが必要となるのであって、その逆のプロセスは単なる形式要件を満たすという結果に終わってしまうであろう。

おわりに——コーディネーター機能

　現代社会は、利害関係者の多様化に起因する利害の複雑化に対して、あらゆる組織に対してその調整を要請している[8]。協同組織金融のガバナンスはこうした傾向に適応する特性を有している。しかし、これについては、一般的に、しかも内部においても十分に知られているとはいえない。

従って、内外におけるパブリシティーおよび研修は必要不可欠であり、そして新しいコミュニケーションチャネルの形成と既存システムの効率化が同期すべきである。

　海外の協同組織金融機関をみるならば、同一の金融環境のもとで金融機関として十分な競争力を持ちえている。協同組織型ガバナンスと株式型ガバナンスの相違によって競争力に差が生じた事例はあまりみられない[9]。むしろ、個別ケースとして論じられるべきであり、他の条件を考慮しないのであれば、協同組織型ガバナンスの改良が現組織にとって効率的であるといえる。

　その中心的な概念は、利害関係者の参加を誘引する仕組みと経営サイドによる効率的な利害調整能力の発揮である。

追補：最大利害関係者＝出資者不在の協同組織
――オランダラボバンク[10]

　オランダの協同組織金融機関であるラボバンクはメンバーはいるが、無出資組織である。故に、配当もなく、清算時の残余財産に関する権利もない。従って、現代経済学が提示する金銭利害に基づくインセンティブはここでは働かない。言い換えれば、株主ならぬ出資者価値の最大化によっては説明できない。加えて、コンセンサス主義のため、議論に長い時間をかける。

　しかし、ガバナンスが機能せず、しかもパフォーマンスが悪いということはない。反対に、金融機関として高い格付けを獲得しており、先端的な業務も遂行している。

　紙幅の都合上、詳細は割愛するが、出資金額の大小のみがガバナンスのインセンティブを構成するわけでなく、経済的・社

会的要因が深く利害関係者と経営サイドのインセンティブに影響を与えていることを明示している。そして、ラボバンクにおいてはこのことに配慮したガバナンスシステムが構築されている。

[註]

1) OECD [2004], OECD principles of corporate governnance.
2) WOCCU [2005], Credit union governance, whitepaper, p. 11.
3) Emmons, W. [1997], "Conflict of interest between borrowers and lenders in credit cooperatives: The case of German co-operative banks", Working paper series, Federal Reserve Banks of St. Louis, p. 35.
4) Hart, O. and Moore, J. [1996], "The governance of exchanges: Member's co-operatives versus outside ownership", *Oxford review of economic policy* 12, pp. 53-69.
5) Burg, T. [2002], "Shareholder power", *New Economy*, pp. 154-157.
6) ICA [1999], "Capital, demutualization and governance", *International co-operative baking association journal* No. 11, p. 72.
7) Basel Committee on banking supervision [1997], *Enhancing corporate governance for banking organizations*, http://www. bis. org.
8) Learmount, S. [2002], "Theorizing corporate governance: new organizational alternatives", Working Paper Series, ESRC center for business research, University of Cambridge, p. 26.
9) EACB [2006], Corporate Governance Principles in Co-operative Banks.
10) Boer, S. and Graafsma, C. (2003) The bank with a difference, p. 130.

6 協同組織金融機関の理論的整理
―― 内部補助理論、クラブ財理論による試み ――

村本 孜
(成城大学イノベーション学部長)

はじめに

　協同組織金融機関を理論的に理解する上で、協同組合論の系譜のほか、経済学的なアプローチを整理しておく必要がある。協同組織を相互扶助性（非営利）と理解すると、相互扶助はある組織内で扶助を行うことである。単純化すれば、内部補助の理論、保険の理論がその典型である。このほかに、協同組織をメンバー制として考えればクラブ財の考え方が、また協同組織が限定された地域での事業展開を迫られていることに注目すれば、密度の経済性の理論・ネットワーク経済性の理論が有効になる。さらに、経済システムにおける相手との反応を考慮した行動を分析するゲーム理論が示唆を与えることになる。以下では、内部補助の理論とクラブ財の理論に依拠しつつ、協同組織金融機関について整理したい。

1 内部補助の理論

"One for all, all for one." ―― **相互扶助**
　協同組織を支える考え方は、相互扶助（"One for all, all for

one.") である。"One for all, all for one." で表される理念は、スポーツのラグビーや生命保険で一般的であり、協同組織においても共通である[1]。理念としての相互扶助（"One for all, all for one."）は、スポーツの世界だけでなく、経済行為としても十分な存在意義を有している。無論、保険における相互扶助についても多くの議論があり、近代的保険の理念に関しては、種々の解釈がある[2]。

相互扶助というと理念論的なイメージがあるが、これは経済学的に内部（相互）補助（cross subsidization）と考えてもよい。内部補助は、「複数の需要部門ないし事業部門を有する企業が「一方の部門における黒字をもって、他方の部門の赤字を補填すること」をいう」とされる[3]。たとえば、航空事業でみると、儲かる路線の収益によって赤字路線を維持することや、高速道路の料金プール制に見られるように黒字路線からの収益で高速道路を延伸するというのが、内部補助である。不採算部門を切り捨てるのではなく、高採算部門の剰余で穴埋めを行うことによって全体の収益を維持するのが内部補助といえよう。内部補助は、規制や独占によって可能とされるが、相互扶助でも可能である。

保険は、その本質について種々の議論があるが、通常は「保険とは同様なリスクにさらされた多数の経済主体による、偶然な、しかし評価可能な金銭的ニーズの相互的充足」という定義がされる[4]。単なる相互扶助ではなく、多数の経済主体が存在し、リスクが存在し、偶然ではあるが評価可能な金銭的ニーズを相互的に充足するという要件が必要で、より具体的には、大数の法則、収支相等原則[5]、給付反対給付金均等の法則[6]がな

ければならない。その意味で、相互性というのは、保険の数理的あるいは技術的仕組みが存在し、大数の法則が適用され、収支相等の原則、および給付反対給付の原則が妥当するような運営がなされる保険システムのことなのである[7]。

　保険（や共済）を支える保険原理（ないし共済原理）は、種々のリスクについて保険（ないし共済）を通じて集団でシェアすることにより、個人が確実に責任を負える程度のリスクに収めることを可能にするリスク・シェアリングがその根幹である。個人で負担しきれないリスクを集団でカバーし、内部補助によって補填するのである。[8] 共済は同じ職業、同じ地域に居住する者が組合を作り、組合員の死亡や所有財産の損害をカバーするもので、保険に類似する。しかし、加入者の範囲が職業・地域という限定的なもので、大数の法則が当てはまるほどの規模でないという点で保険とは異なるとされる。とはいえ、共済でも規模が大きくなると保険と変らない状況が発生する[9]。

　金融業務でもこのような趣旨で実施されるのが協同組織金融機関であり、そもそもは借入困難者が集まり、相互に出資を行って順番に融資を受けるというのが相互金融ないし組合金融である[10]。これが高度化し今日の協同組織金融に発展したと考えると、内部補助をメンバー間で実現する仕組みとも考えうる。たとえば、低リスクの企業がその信用リスクに比して高い金利を負担することで、高信用リスク企業の金利負担をカバーして、協同組織全体としてのローンポートフォリオでの収益性を確保して、協同組織金融機関の経営を維持することが可能になる。

　この点は、協同組織金融機関の経営者のインタビューなどで語られる点であるが、実証研究例を挙げると、安孫子［2006;

2007〕のCRDデータを利用した研究があり、これによれば、業歴の短い（信用リスクが高い）企業の金利は低く、それに対して業歴の長い（信用リスクの低い）企業の金利は高いという結果が得られたとされている[11]。これはCRD参加の金融機関では金利負担が相互扶助的に行われている可能性を示すものである。CRDは信用保証協会データが基本であり、信用保証協会利用企業の場合、業歴の長い企業でも信用リスクが高い可能性があるなど、データバイアスを排除できないこと、また金融機関ごとに集計していないので、厳密性は欠けるものの、信用保証協会の利用が協同組織金融機関では高いことを勘案すると、信用金庫の融資の特性を反映している可能性もある。

相互会社の相互扶助性──リスク・シェアリング

相互会社とは、日本では保険業法により保険会社にだけ認められた経営形態である。そもそも保険は、契約者の払った保険金が、万が一の事態に直面した人に支払われるという相互扶助の仕組みで成り立っている。この相互扶助の精神を最大限に生かそうという発想から生まれているのが相互会社とされる。保険を株主主権の下に置くと、保険加入者の利益よりも株主利益が優先する可能性があるので、保険加入者を社員とする相互組織の方が、保険制度に適していると考えられた。

保険（insurance）は、将来のリスクに対処する仕組みの一つであり、リスクの顕現に応じて金銭等の受渡しを行う契約である。予め保険料をプールしておき、リスクの顕現に応じて保険金をそこから支払うシステムであり、リスクのプール（pool）とシェア（share）を行うものである。同じようなリスクに直面

しているグループ(リスクの顕現値はもちろん異なる)で保険を形成し、リスク実現後の所得分布などを均等化させることを「グループでリスクをプールする」「メンバー間でリスクをシェアする」と呼ぶが、その実現を図るのが相互組織である相互会社なのである[12]。

協同組織金融機関の内部補助

協同組織金融機関は、株式組織ではないという点で相互組織ないし相互会社と共通点も多く、総代会を通じるガバナンス等参考になる事例が多い。その一つがリスク・シェアリングであるが、協同組織金融機関は一先当り融資額が小額で、小規模企業いわば高収益を期待できない、むしろ採算性の低い分野に特化し、営利金融機関が参入しにくい分野を顧客層としている。何故、このような分野に対応できるのかの理由の一つは、ある種の内部補助ないしリスク・シェリングによるものではないかと思われる。前述のように、低リスクの企業がその信用リスクに比して高い金利を負担することで、高信用リスク企業の金利負担をカバーして、協同組織金融機関全体としてのローンポートフォリオでの収益性を確保していれば、採算性の低い分野へも対応できる。協同組織金融機関にすれば、業歴の浅い段階では信用リスクに見合った金利が徴求できなくても、企業ステージが成長・安定期になって適正な金利を徴求できれば、長期的に安定した適正金利を維持できると考えることになるが、これはリスク・シェアリングの一形態でもある。

このような事実上の内部補助が行われることが経営的に意識されていたのが、「短期利益よりも長期利益の訴求」という協

同組織金融機関の行動に繋がるものと考えられ、リスク・シェアリングという点で相互会社の理念とも相通じるものがある。信用金庫は自己資本を調達する際、出資によるか、内部留保によることがその基本であるが、従来出資による資本増強ではなく、内部留保の蓄積によってきた。この内部留保の蓄積は、次世代のためないし次世代への移転であり、いわば世代間相互扶助ないし異時点間の内部補助である。また、借り手が相互補助の結果として内部留保を蓄積し、その原資の信頼性すなわち自己資本比率の充実が信用金庫の格付けを高め、その信用が利用者に還元されていると考えれば、内部留保を通じた相互扶助ないし内部補助が実現しているともいえる[13]。

2 クラブ財の考え方

クラブ財

協同組織を理解する場合、公共経済学における「クラブ財」の考え方も示唆に富むものである。クラブ財というのは、同じ関心を持つ者がクラブを作ることで効率的に経済活動・文化活動を行うための財である[14]。たとえば、ゴルフ・テニスクラブ、劇場、お稽古クラブなどがその事例とされる（古典芸能・文化を維持してきた家元制。茶道や華道のように全国的に水準の高い組織〔クラブ〕など）。このほかに高速道路など公共性の高い財も含まれる。ゴルフ・クラブのメンバーになることは、プレーの権利を確保し、希望する日時に何時でもプレーすることができるし、予約なしのプレーや同伴者なしでのプレーも可能になるほか、メンバー同士の交流・交歓も可能になる。

協同組織金融機関の場合、会員ないし組合員になることによって、協同組織金融機関というクラブに加入し、融資という金融商品・サービスの提供を享受することになる。協同組織金融機関は、会員・組合員にはできるだけ共通のサービス提供を行うとする。金融サービスであるから、信用リスク等に応じて、金利などの条件は相違するが、営利金融機関とは同じ条件にはしないような工夫を行ったり、金利は多少高くても、営利金融機関では融資を受けられない者にも融資を行うことがある。労働金庫では、間接構成員という個々の労働者が何時借りても一定期間での金利負担が同じになるように住宅ローンの変動金利制をその住宅ローン商品の導入当初から設定してきた。

　協同組織金融機関は、営利金融機関では融資を受けられない層への融資を、クラブへの加入によって保証しているとも考えられ、クラブ加入によって継続的に融資を受ける可能性を担保しているのである。無論、協同組織金融機関は徒に融資を実行するのではなく、融資に伴う経営相談・支援等を木目細かく行ったり、融資実行可能なような状況を作り出すような相談・支援を事前的に行うのである[15]。

　さらに、協同組織金融機関のメンバーになることによって、情報の交換、ビジネスマッチング、販路開拓、種々の情報提供・交歓なども可能になり、融資という金融サービス以外の便益を享受可能になる。協同組織金融機関にとっても、メンバーになってもらうことにより、長期的な信頼関係（リレーションシップ）の構築はより可能になるので、情報の非対称性を緩和し、情報生産コストを軽減することが可能になる。

クラブ財の性質

(1) 排除不可能性、非競合性

一般に公共財は、

- 排除不可能性（対価を払わない人を消費から排除することが不可能であること)[16]
- 非競合性（ある人が消費したときに他の人の消費を妨げないこと)[17]

の両方の性質を持つものと定義される。

私的財は、たとえばスーパーで野菜を買い、その野菜を食べたら他の人は食べられないという「排除可能性」の性質を持つものである。高速道路は、対価を必要とし「排除可能性」の性質を持つが、非競合的つまり利用者が増えても追加的な費用が発生しない（共同消費）。ただし、その利用者が多くなると混雑現象が生じ、消費の競合性が発生する。この混雑現象は公共財、私的財に共通して起こることなので、公共財に特有の性質ではないとされる。排除可能性を持つが、非競合的（共同消費）な財としてクラブ財がある。前述のように会員制のスポーツ・クラブ、レジャー・クラブ、マンションの管理組合等がその例であるが、会員数によっては競合性が発生する場合がある。会員が施設等を共有するか、それらの賃貸料及びサービス提供の経費を何らかの算式に基づいて各会員が分担して負担する。

(2) 混雑現象とクラブ財の供給

クラブ財は、非競合性と混雑現象（クラブの規模を一定とすると、メンバーのクラブ使用回数が増えれば、混雑が生じ、メンバーの効用を低下させる）という性格をもつ財で、準公共財の性格を持ち、市場経済のみでは供給不足になる可能性があ

る[18]。

　私的財は民間主体、純粋公共財はクラブ財の供給は公的主体が行うが、クラブ財の供給主体については議論がある。クラブのメンバーはクラブ全体の利益ではなく、平均的な利益の最大化を図ろうとするため、公的な介入によって効率化を達成しなければならないというNg[1973]の議論に対し、Sandler and Tschirhart[1980]は非営利協同組織と競争的企業のいずれもがクラブを効率的に運営可能であるとしている[19]。世代重複モデルないしメンバーが世代を跨ぐ場合には、政府は短期的政策目標に左右されるので、将来を見越した行動には民間所有のクラブが有効であるとの議論があり[20]、このようにクラブ財の供給については多様な主張があるが、協同組織による供給も重要な担い手と考えられる。とくに、情報非対称性が大きい分野では、社会的インフラの整備としての協同組織は、このようなクラブ財としての性格を持つ。

　クラブ財は、そのクラブに加入することによって便益を得られる財である。会員制のゴルフ・クラブであれば、プレーをする場合に会員としての便益を得られる（会員としての予約、会

表1　クラブ財

	競合	非競合[1]
排除可能	私的財	クラブ財 (高速道路、テニス・クラブ、ゴルフ・クラブ、家元制、協同組織等)
排除不可能 (対価を払わない者を排除できない)	コモンプール財 (公海、共有地)	純粋公共財 (防衛、外交)

注1：利用者が増えても追加的な費用が発生しない。他の人の便益が減少しない

員としてのプレーフィー、会員相互の懇親など)。ゴルフ・クラブは、ゴルフ・プレーという同時に同一の財・サービスが多数のメンバーによって消費、利用されるので、非競合性の条件を満たしている。メンバーが同時にプレーすれば、先の混雑現象の生じる惧れもあるが、メンバーを対象としたクラブ・コンペなどでは適正なハンディキャップ以上のメンバーに参加を制限して混雑現象を緩和することがある。また、同じコンペではハンディキャップを付けることで、プレーの公平性を図ることなどにより、メンバー間の力量による混雑現象を緩和する。

クラブ財と金融

　近年、金融業務ないし金融機関の問題をクラブ財のアイデアを活用した議論が展開されている。とくに、情報の非対称性問題や公的金融の問題の理解において、そのアイデアが活用されている。

　塩澤［2000］は、中堅中小・新興企業における多様性・情報生産における困難性・小規模性などの存在から、「期待される収益に対して、審査・調査費用が相対的に高く、個別企業に対し銀行などからの融資という形では、一般には事業として採算が取りにくい」として、「市場参加者にとって公共財的な、あるいは限定された主体が共同消費するクラブ財的な役割をもつ社会的なインフラストラクチャー整備が、きわめて重要な社会的意義をもつ」と主張している。とくに、それらを対象とする貸出市場では逆選択（逆選抜）問題が発生することを理論的に分析しており、貸出市場で同一金利が適用されるとその金利水準では割高に感じる優良企業が市場から退出し、その市場には

非優良企業ばかりが残ってしまう現象が発生することになる。これは、企業の質に関する情報を金融機関がまったく保有していないために、貸出市場で同一金利の設定を行うことによるもので、結局市場が衰退することになる。これを回避するには「公共財あるいはクラブ財としての情報を提供する、もしくは各金融機関の情報獲得の費用を低下させるような社会的インフラの整備が必要」と主張し、これに替わる方法はメインバンク制が考えられるとしている[21]。

折谷［2004］は、中央銀行のガバナンス・ストラクチャーの考察の中で、中央銀行の「銀行の銀行」としてのサービスをクラブ財として分析している。民間金融機関は中央銀行に「預金口座を開設しており、民間金融機関はこの預金口座間で資金を移動することによって、民間金融機関相互間の決済を行うことができる（インターバンク決済サービス）ほか、この預金口座から現金を引き出すこともできる。また、民間金融機関は中央銀行が認めた場合、中央銀行から資金の借入れを行うこともできる。これらのサービスについては、中央銀行の取引先となった金融機関に供給されるが、民間金融機関などが中央銀行と取引するかどうかは、民間金融機関側に拒否する権利があり、強制ではない（中央銀行側も取引を拒否できる）。その意味で、中央銀行の取引先は中央銀行制度というクラブのメンバーとみなされる。現に、米国連邦準備銀行の取引先は、「メンバー・バンク（member bank）」と呼ばれているとしている。さらに、「銀行券は純粋公共財と分類されるが、クラブ財とみられる側面もある。というのは、ハイパー・インフレなどによって大多数の国民が銀行券を使用しなくなった状況でも、銀行券を使っ

ている人々は、いわばその銀行券を使うことを受け入れたクラブのメンバーであり、そこでの銀行券はクラブ財とみなしたほうが適当とみられる」としている[22]。

大滝［2006］は、日本政策投資銀行の存在意義を分析する中で、公的金融が「多くの民間金融機関に広く共有されるべき情報・金融インフラを生産し」ており、強い外部性を持つので、「全金融機関の共通財産として作り出すことには社会的意義がある」と指摘している。日本政策投資銀行の協調融資に参加することは、クラブ財である協調融資に参加することになり、その意味で民間金融機関が公的金融の顧客になれば自由に情報を引き出せるという意味で共同消費（等量消費）が可能になると指摘している[23]。

協同組織というクラブ財

協同組織である農協を対象として公共経済学の視点を適用したのが朽木［1977; 1978; 1980］の業績である。朽木［1977］は、農協活動全般について公共財理論による整理の必要性を論じ、朽木［1978］はクラブ理論の不分割消費財にアイデアを得たとする「プラント・プール理論」によって農協の共同利用施設の分析を行っている[24]。ただし、農協の信用事業についての分析はない。

非競合性（共同消費、等量消費）は、ある人が財・サービスを消費・利用しても、他の人々の消費・利用が妨げられないということであり、これは同時に同一の財・サービスが多数の個人によって消費・利用されることを意味する。協同組織である信用金庫について、この非競合性を当てはめると、会員は信用

金庫から融資を受けることができ、相互扶助的な観点から、営利金融機関から排除される層でも融資を受けることが可能になる場合もある。信用リスクが高いという理由で営利金融機関では排除されたとしても、協同組織であればその資金余力の範囲内で、必要な条件さえ満たせば、融資される可能性は高く、排除されないという意味で非競合性が成立する。これは、先の塩澤［2000］が指摘した「限定された主体が共同消費するクラブ財的な役割」を信用金庫が担っていることを意味する。

信用金庫というクラブに加入すると、融資というサービス（クラブ財）を享受できるが、営利金融機関から排除される層でも共同消費が可能になるという意味で、信用金庫は非競合性を満たしている。その意味で、クラブ財なのである。とくに、相互扶助性を併せ持っており、高リスク企業であってもリスク対応金利よりも低い金利で融資を享受可能になる。先に指摘したように、高リスク企業からの低い金利収入を、低リスク企業からの高めの金利収入によって補填することによって、収支相等を図る工夫（相互扶助）もありえるし、内部蓄積による世代間の移転も行われる。これは、単に相互扶助ないし内部補助によるだけでなく、クラブに加入してもらうことによって、塩澤［2000］が指摘するように、情報獲得の費用を低下させる（情報生産コストの軽減）ので、徴求金利の軽減化に資する効果もありうるからでもある。このように、信用金庫は、民間の組織ではあるが、準公共財であるクラブ財であるとも理解できる[25]。

信用金庫の融資先

信用金庫の融資先・顧客は、小規模企業であるといわれる。

鹿野［2006; 2007］のCRDデータを活用した分析によれば、中小企業の中央値による平均的な状況は、従業員で6名、資本金で1,000万円、売上高1.25億円程度である。その平均的な借入残高は5092.7万円であり、小規模企業に焦点を当てると、従業員1～4人の企業では2,500万円弱、5～9人で4,400万円弱、10～19人で8,200万円、20～49人で2億円弱である（表2）。CRDデータは、信用保証協会利用企業が多いので、多少借入残高が多いとしても、大きくは変らないと思われる。

表2　小規模企業の借入残高

（1）CRDデータ　　　　　　　　　　　　　　　　　　　　　　　　　　（単位：万円）

	中小全体	従業員:1～4人	5～9人	10～19人	20～49
長短期借入金	5092.7	2461.4	4385.4	8200.0	19429.8

出所：鹿野［2006］；［2007］

（2）国民生活金融公庫総研調査　　　　　　　　　　　　　　　　（括弧は中央値、単位：万円）

	全体	売上:5000万円未満	5000～1億	1～5億
借入金	4963（1500）	1355（620）	2887（1800）	7354（4694）

出所：国民生活金融公庫総合研究所『小企業の金融機関借入に関する調査』2006年8月。

これを信用金庫の貸出構造と対比させてみると、表3－(2)にあるように、信用金庫の融資残高が最も多いのは1,000万円～1億円未満層で全体の40％強である。1～3億円未満層も20％弱である。つまり、信用金庫の融資残高は、1,000～3億円未満層で60％を占める。表1の従業員別では1～20人未満のいわゆる小規模企業層の借入残高に丁度信用金庫の40％強が対応しているし、同じく20～49人の層に信用金庫の20％弱の融資層が重なっている。

信用金庫の融資対象が小規模層で、その借入残高に見合っているということはほぼ確認できる。表3－(1)にあるように、

信用金庫の一先当り融資額は、300万円未満が3分の2以上を占め、小口の融資が大半である。このように、小規模企業にクラブ財を提供しているのが信用金庫なのである。信用金庫の小規模企業一先当り融資額は300万円として預貸金利鞘を1％とすると、年間粗利益は3万円にしかならないが、これはクラブ財だから成立し、営利金融機関は参入しえない領域なのである。残高ベースでみても、小規模企業の借入残高を2500万円として年1％の利鞘を取るとしても年間金利収入は25万円であり、営利金融機関の収益構造からすると対応困難であろう。

表3　信用金庫の貸出構造

(1) 一先当り融資額の規模別構成 (%)

1先当り融資額	2002年3月末	2004年3月末	2006年3月末
300万円未満	70.4	69.0	66.6
300〜1000万円未満	12.8	13.0	13.3
1000万円以上	16.8	18.0	19.8

(2) 融資残高別構成 (%)

融資残高別構成	2002年3月末	2004年3月末	2006年3月末
1000万円未満	12.3	11.9	11.2
1000〜1億円未満	41.7	43.4	44.6
1〜3億円未満	20.1	19.5	19.4
3億円以上	25.9	25.2	24.8

出所：全国信用金庫協会『信用金庫金融統計』2006年版。

国民生活金融公庫総合研究所の2006年調査（『小企業の金融機関借入に関する調査』2006年8月）によると、小規模企業の借入頻度は少なく（年に1回が40％、2〜3年に1回が30％）、借入額も平均4,963万円・中央値1,500万円で、売上高が5,000万円未満層では借入平均1,355万円・中央値620万円である。小規模層では1,500万円の借入でも年間金利収入はネットで15万円だったり、最小の層では6万円だったりすること

になる。このような小規模層に営利金融機関が参入することは殆ど困難である。無論、営利金融機関もスコアリング活用ローンによって参入しているが、みずほ総研の調査では20〜50人層では活用が進んでいるといわれるものの、先の国民生活金融公庫総研調査の小規模企業では、利用は6％程度で、売上高5,000万円未満層では2.7％、5,000〜1億円未満層でも4.1％にすぎない。『中小企業白書2006年版』は、クイックローン（スコアリング活用ローン）が20人以下の層で全体利用の40％を占めるとしたが（図1）、これは20人以下といっても5人以下層などへの浸透度は小さいものと想像される。

図1　クイックローンの利用（スコアリング活用融資）

従業員規模別：比較的従業員規模の小さい企業で利用されているクイックローン

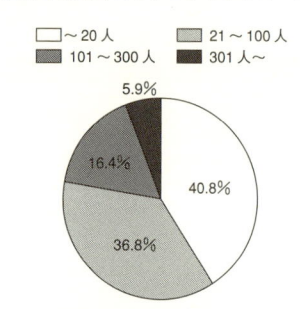

- 〜20人: 40.8%
- 21〜100人: 36.8%
- 101〜300人: 16.4%
- 301人〜: 5.9%

自己資本比率別：クイックローンを最も多く利用しているのは自己資本比率10％〜20％程度の企業

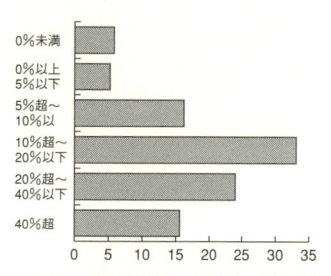

自己資本比率	値
0％未満	約6
0％以上5％以下	約6
5％超〜10％以	約15
10％超〜20％以下	約33
20％超〜40％以下	約24
40％超	約15

資料：（独）経済産業研究所（委託先：（株）東京商工リサーチ）［2006］「中小企業金融環境に関する実態調査」
出所：『中小企業白書2006年版』

資料：（独）経済産業研究所（委託先：（株）東京商工リサーチ）［2006］「中小企業金融環境に関する実態調査」
注：2005年10月末時点で「クイックローンを使っている」と回答した企業のみ集計している。

信用金庫の顧客は、表3のように小規模企業であり、この分野にメガバンクや地域銀行が本格的には情報の非対称性問題な

どにより参入できない（この分野で業務規制は存在しない）。小規模企業の特性は、図2のように、情報の非対称性が大きいこと（定性情報の評価が困難、定量情報の低い信頼性、少ない開示情報など）、信用リスクが高いこと、採算性が低いこと、などの市場特性があり、この点で金融機関の情報生産機能が極めて重要である。事実上、参入障壁はないものの、メガバンク等の参入は限定的である。

3　結び

協同組織金融機関の考え方を、経済学のフレームワークで出来る限り整理するという観点で、相互扶助を内部補助理論で、メンバー制をクラブ財の考え方で整理してみた。厳密な内部補助理論、クラブ財理論の適用が可能かは、より一層の検討が必

図2　小規模企業の資金調達上の困難

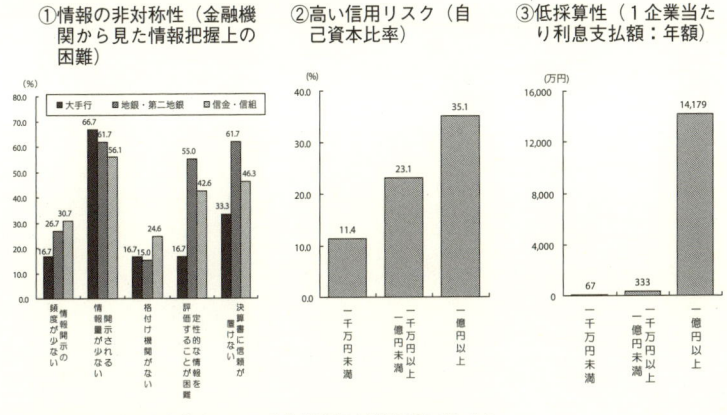

①情報の非対称性（金融機関から見た情報把握上の困難）

②高い信用リスク（自己資本比率）

③低採算性（1企業当たり利息支払額：年額）

出所：国民生活金融公庫［2006.12：18］『政策評価実施評価報告書』より

要であるが、考察する上での一助にはなりうるものと考えられよう。このほかに、協同組織が限定された地域での事業展開を迫られていることに注目すれば、密度の経済性の理論・ネットワーク経済性の理論が有効になるし、さらに、経済システムにおける相手との反応を考慮した行動を分析するゲーム理論が示唆を与えることになる。

　本稿では、後者については紙幅の関係で論じていないが、村本［1996; 1997］などを参照されたい。いずれにせよ、協同組織金融機関は市場型の金融システムでも一定の存在意義を有しており、その具体的な展開は EU 諸国でのその発展にも見ることができる。

[註]

1) "One for all, all for one." は、ドイツの保険学者 Manes, A.（1877～1963）の言葉であるという（近見ほか［2006: 37］）が、彼以前からも使用されていたと思われる。ある生命保険会社のホームページには、「生命保険事業は「一人は万人のために、万人は一人のために」を基本思想とする相互扶助機能を本質としています」とある。長濱［1992: 65-66］は、保険加入は「相互会社の社員になることによって、まさに協同組合加入時のようなメリットとともに生命保険事業への投資に対するリターンを得ることが可能となる」とし、相互会社と協同組織の類似性を指摘している。
2) 堀田［2003］など。注 8 参照。
3) 植草［1991: 224］。
4) 近見ほか［2006: 8］。これは、Manes によるものという。
5) 集団の構成員数を n、保険料を P、事故に遭遇して保険金を受領する者の数を r、その受領保険金額を Z とすると、nP=rZ の成立する場合を

収支相等原則という。
6) $P=(r/n)Z=wZ$。すなわち支払い保険料は受領するかもしれない保険金の期待値に等しい。
7) 近見ほか［2006: 37-38］。保険の相互扶助は、保険給付を受ける者が、他の保険加入者の保険料からの分配を受けるという広義での相互扶助と、保険数理的観点からの厳密な（狭義の）相互扶助、を区別すべきであろう。
8) 堀田［2003: 112］は、「保険事業は相互扶助の制度である」という主張は、「近代的保険には正確に当てはまらない」とし、「保険には構造的に相互扶助性が存在」し、事故に遭わなかった者の保険料が事故に遭った者に再分配される点は相互扶助であるが、保険加入者は他人を助ける目的で保険に加入するわけでなく、生活保障・賠償資力の確保のために加入するのであり、保険金受け取りは確率的結果に過ぎない、としている。堀田［2003: 112-113］は、「近代的保険における相互扶助は、同質のリスクで構成されている保険集団の間で、確率的計算を根拠として結果的に発生する相互扶助である。その点で、加入者どうしの精神的連帯に基づく原始的保険や共済制度あるいは社会的連帯に基づいた社会保険とは異なる。したがって、純粋な民間保険において、低リスク者が高リスク者の保険料を負担すること、つまり内部補助は保険原理的には生じてはならないことになる。」とする。
9) 刀禰ほか［1993: 6-9］は、危険（リスク）への対応として、危険の回避、危険の軽減、危険の保有、危険の移転を挙げ、危険の移転が保険だとする。危険を引き受ける者（保険会社）は同種の危険を多数を集める（危険のプール）ことにより、その危険の発生度合の変動を少なくすることが可能になり、危険発生に伴う損失をほぼ正確に予測でき、その予測損失を多数の保険加入者に分担させ、その分担金（保険料）総額が危険発生に伴う損失を補償するに十分な水準になるようにすれば、保険会社は保険加入者の損失補償に困ることはないし、保険加入者は多数で分担するので少額の負担で危険を移転可能となる、という。刀禰ほか［1993: 19-20］は、共済についても職業・地域を共通にする者が組合を組織して、組合員やその家族の疾病・死亡、損害などを蒙ったときに、一定の給付を行う相互扶助制度であるとし、純粋危険を対象とする点で保険に類似しているとする（加入者が多くない

場合には、偶然的出来事の発生割合の変動が大きく、その予測が困難だが、大規模集団になると保険に近くなる。JA共済などでは、相互扶助による共済資金の還元融資、剰余金の割戻しなどがある。

10) 全員が融資を受ければ解散する方式で、解散組合という。発足当初のイギリスの building society が典型だが、やがて永続組合に発展した。

11) 安孫子［2006: 15］、同［2007: 177-178］。信用リスクが低いはずの業歴の長い企業の相対的高金利というのは直感的には反対の結果であるが、安孫子は、暗黙の契約仮説によって、業歴の長い企業の相対的高金利を説明している。

12) 長濱［1992: 66］は、積極的な利益追求行動を相互会社にも認め、その剰余あるいは利益を可能な限り衡平に分配することで、社員への賦課を極力少なくしていくことを求めるとともに、閉鎖集団としての相互会社がありうるとしている。さらに、保険料が相互会社への出資という側面には、保険事業が保証の提供だけではなく、アセットマネージメント事業を営んでいるので、これへの投資である（生命保険事業への投資）と、主張している。

13) Sandler and Tschirhart［1980］は、後述のクラブ財のコンテクストで世代間クラブ財を論じ、世代間クラブ財では、メンバーのコスト負担が通時的ないし恒久的になるので、現在のみならず将来のメンバーも考慮して議論すべきことを論じている（p.1513）。

14) クラブ財は、Buchanan［1965; 1971］、Tiebout［1956］の議論が嚆矢であるが、Pigou や Knight, F. にも淵源があるという（Sandler and Tschirhart［1980: 1491］）。Sandler and Tschirhart［1980: 1482］によれば、クラブとは生産費用、メンバー制、排除可能財の特色を持つ mutual benefit 追求の voluntary group とされる。以下では、柴田・柴田［1988: 190-191, 207-216］、田中ほか［1999: 100-103］、井堀［2005: 271-272, 360-362］など参照。

15) 協同組織がクラブ財であるかの議論は、注20を参照されたいが、Sandler and Tschirhart［1980］は、クラブ財としての協同組合の研究事例を指摘しているほか（p.1512）、世代間クラブ財の例として professional associations を挙げている（p.1513）。

16) 消防や警察のサービスのように価格を支払わない人をその財・サービスの消費、利用から排除すれば、延焼が起こったり、付近の治安が

16) 極端に悪化したりして、価格を支払った個人へのサービスが極端に低下するため、価格を支払わない個人をその消費・利用から排除することが技術的に不可能な場合や、排除するためにはかなりの資源の消費を必要とするので、排除費用が極端に大きい場合、排除不可能性（非排除性）が存在するという。排除費用とは、資源配分機構あるいは経済制度としての市場経済を運営するための費用（取引費用）で、費用負担のない個人をその消費から排除するための費用と考えられるのである。
17) 非競合性とは共同消費、等量消費とも呼ばれ、ある人が公共財を消費したり、利用したりしても、他の人々の消費、利用が妨げられないことをいう。これは同時に同一の財・サービスが多数の個人によって消費、利用されることを意味する。
18) クラブ財の混雑現象（congestion）は、クラブのメンバーが多くなり一定数を超えると、混雑して共同消費性が低下し、クラブ財の特性が失われるので、クラブのメンバーの最適規模はどれくらいであるかが重要な課題になる。この点について、柴田・柴田［1988］は、テニス・クラブなどは、「通常ある特定の人を共同使用者グループのメンバーとするかしないかについては排除原則を適用するが、いったんメンバーになった人には、その財をグループの共通使用財として全員に使用量を特に制限しないで使用させる」が、「施設内で部分的に排除原則を容易に適用できる財、たとえばロッカーとか食堂利用等は有料にする」こともあるとしている（p.191）。
19) Sandler and Tschirhart［1980: 1497］。Buchanan［1965］は、クラブ財に共同消費性があるからといって、協同組合組織や公共機関が供給する必要はなく、クラブ運営からの利益が得られるので、私企業での供給は可能としているが（p.7）、協同組織が相応しい場合もあるといえよう。Buchananはもともと純粋私的財と純粋公共財の中間にクラブ財、協同組織があると認識していた（p.1）。Hillman［1978］は、非営利組合組織によるクラブに運営に比べて、市場競争下にある営利目的企業による運営の方が効率性の観点から望ましい場合があることを示した。ただし、非効率な場合や取引費用の問題などから更なる検討が必要となる（折谷［2004: 78］）。
20) Sandler and Tschirhart［1980: 1497］。

21) 塩澤［2000: 3, 14 - 15］。
22) 折谷［2004: 85 - 87］。
23) 大滝［2006: 149 - 150］。
24) 朽木［1980: 185］。
25) 信用金庫のクラブ財性には、金融機関自体がクラブであるという面と、そのサービスとしての融資がクラブ財という面がある。

[**参考文献**]

Baseman, K.［1981］"Open Entry and Cross-Subsidization in Regulated Markets," in Fromm (ed.), *Studies in Public Regulation*, MIT Press.

Buchanan, J.M.［1966］"An Economic Theory of Clubs," *Economica*, Vol.32 No. 125, Feb., pp. 1 - 14.

――――［1971］*The Demand and Supply of Public Goods, Rand McNally*. 山之内光躬・日向寺純雄訳『公共財の理論』文真堂、1974 年。

Cornes, R. and Sandler, T.［1996］*The Theory of Externalities, Public Goods, and Club Goods*, 2nd edition, Cambridge University Press.

Faulhaber, G.［1975］"Cross-Subsidization: Pricing in Public Enterprises," *American Economic Review*, 65, pp. 966 - 977.

Hillman, A.［1987］"The Theory of Clubs: A Technological Formulation," in Sandmo, A. (ed.), *Essays in Public Economics*, Lexington.

――――［2003］*Public Finance and Public Policy: Responsibilities and Limitations of Government*, Combridge Univ. Press, 2003. 井掘利宏監訳［2006］『入門 財政・公共政策』勁草書房。

Laffont, J. and Tirole, J.［1993］*A Theory of Incentives in Procurement and Regulation*, MIT Press.

Ng, Yew-Kwang［1973］"The Economic Theory of Clubs: Optimality Conditions," *Economica*, Vol. 40 Issue 159, pp. 291 - 298.

Sandler, T. and Tschirhart, J.［1980］"The Economic Theory of Clubs: An Evaluative Survey", *Journal of Economic Literature*, Vol. 18, No. 4, pp. 1481 - 1521.

Tiebout, C.［1956］"A Pure Theory of Local Expenditures," *Journal of Political Economy*, Vol. 64 No.5, Oct. pp. 416－424.

安孫子勇一［2006］「沖縄県の相対的な高金利——全国との比較による定量分析」RIETI Discussion Paper Series 06-J-041、8月31日。

————［2007］「沖縄県の相対的な高金利——全国との比較による定量分析」筒井義郎・植村修一編『リレーションシップバンキングと地域金融』日本経済新聞社。

近見正彦・吉澤卓哉・高尾厚・甘利公人・久保英也［2006］『新・保険学』有斐閣。

堀田一吉［2003］『保険理論と保険政策』東洋経済新報社。

井堀利宏［2005］『ゼミナール 公共経済学入門』日本経済新聞社。

朽木昭文［1977］「農協理論に対する公共経済学的接近」『農林業問題研究』No. 47, 83－89頁。

————［1978］「プラント・プールの経済理論——協同利用財と不分割財」『農業経済研究』No. 51, 78－84頁。

————［1980］「農協機能の公共経済学的解釈——疑似公共財提供論」『農林業問題研究』第51巻第4号、185－190頁。

村本孜［1996］「日本の金融システムの問題性」『日本農業年鑑（平成9年版）』41－50頁。

————［1997］「協同組織金融機関としての農協の課題と展望」『農林金融』第50巻第4号、4月、2－7頁。

長濱守信［1992］「新相互会社論」『保険学雑誌』第538号、9月、47－68頁。

野口悠紀雄［1984］『公共政策』岩波書店。

大滝雅之［2006］「クラブ財としての公的金融と『民営化』問題——日本政策投資銀行をモデルとして」『社会科学研究』第57巻第2号、141－157頁。

折谷吉治［2004］「中央銀行のガバナンス・ストラクチャー」『明大商学論叢』第57巻第4号、75－95頁。

柴田弘文・柴田愛子［1988］『公共経済学』東洋経済新報社。

鹿野嘉昭［2006］「CRDデータベースからみた日本の中小企業金融の姿」『同志社大学経済学部ワーキングペーパー』No.27、12月。

————［2007］「CRDデータベースからみた日本の中小企業の収益性」

日本金融学会報告論文。

塩澤修平［2000］「中堅中小企業ファイナンスに関する理論的分析の視点」日本銀行『金融市場局ワーキングペーパーシリーズ』2000 年、1 月 11 日。

鈴村興太郎［1996］「異なる行動原理を有する競争者の存在の厚生効果と郵便貯金」郵政省貯金局『21 世紀の郵便貯金に関する調査研究会資料』215-231 頁。

高田しのぶ・茂野隆一［1998］「水道事業における規模の経済性と密度の経済」『公益事業研究』(公益事業学会)、第 1 号、37-44 頁。

田中廣滋・御船洋・横山彰・飯島大邦［1999］『公共経済学』東洋経済新報社。

刀禰俊雄・北野実［1993］『現代の生命保険』東京大学出版会。

植草益［1991］『公的規制の経済学』筑摩書房。

——— ［2000］『公的規制の経済学』NTT 出版。

吉野直行・藤田康範［1996］「公的金融と民間金融が併存する金融市場における競争と経済厚生」『経済研究』第 47 巻第 4 号、10 月。

II 海外の協同組織金融機関

1　欧州協同組合銀行と信用金庫の構造比較

平石　裕一
(非営利協同金融研究者)

1　はじめに

　単一通貨制度の採用拡大とグローバリズムの急展開に対して、欧州協同組合銀行は法制変化にグループ力で独自的対応をすると共に，組織構造の改造に努めながら、使命達成のため自己努力を継続している。

　現在行われている、わが国の信用金庫を巡る制度論議を考える場合、起源を同じくしながら発展過程が異なる環境下に百年以上も経過したことによって、両者の間に存在する共通性と相違性の諸要件が、どのくらい信用金庫の将来方向を占う際に参考になるか危ぶむ向きもあると思われる。しかし、同じ使命感、価値観をもって出発して、今日まで基本的な役割において変化をしていないとするならば、必ずや両者の間に通じ合うものが大いに存在すると考える。それが、本小論を敢えて提起する理由である。

2　民主と連帯の欧州協同組合銀行を模範に

　欧州協同組合銀行は、起源においておおむねドイツのシュル

ツ・デーリッツとライファイゼンによる協同組合原則を旨として、各国の政治経済状況に併せて作られた金融機関である。その使命は、分散的な地域社会における中小零細企業・個人を主力とした組合員の経済社会的な資金供給と経済生活の長期的安定的な維持確保を行うことにある。

　法的には協同組合法の適用を受けて可変資本であり、組合員は加入脱退が自由である。しかし、業務については銀行と差別されていないところがほとんどである。

　利益金処分について、福祉・公益のために剰余金は使われなくてはならないと規定されている国（イタリア、スペインなど）もあるが、特別制約されていない国（ドイツ）もある。制約されているところは一方で税制上の優遇措置も受けられている。

　「一人一票」に象徴されるように、それは「一株一票」という資本力が経営の意思決定を左右するのと違って、多数者である個人の意思が尊重される民主的な企業形態であることは、若干の例外——複数投票権の容認や大企業対象の融資・広域営業の許容など——があるにせよ本筋は強く守られ続けている。（もっとも例外的にイタリアでは株式市場に上場している庶民銀行がかなりの数あるが、出資と会員加入権が分離されていることで、わずかに協同組合システムの独自性を残している）

　この原則の上に立って、欧州では株式組織と有限責任協同組合組織の金融機関の共存の意義認識（多様な複数の金融形態容認）を一般化させるという基盤を確立しており、最近のバーゼルIIによる資本規制や新会社法による企業ガバナンスの導入に対して協同組合銀行の独自性防御を行って一定の成果を収めた

り、地球環境保全や倫理的社会（持続的社会）推進への主導権をもつ事業を積極的に行っているなどが大きな特徴であろう。

　また、業界内の相互保証基金を堅持して、一行たりとも破綻させず相互救済システムを持続しているところ（ドイツなど）業界独自に融資に対する保証組合を長い歴史において持っている（フランス、イタリア）ことは注目される。

　信用金庫においても、一人一票の多数者金融（地域・中小零細層優先）を尊重するという大原則は共通しており、それが、アメリカ的な利潤優先のルールなき資本市場主義にあって社会的に一定の役割を維持しているバックであると思われるが、官主導型しかも縦割り分断型の行政力が強烈なため、金融経営の複数形式の認識が行き渡っておらず、その上協同組合金融勢力の団結がいまだしで、それが法制上の改革の際に不利にさせられている一つの要因と思われる。くわえて、協同組合形態に対する認識不足がもたらす原則逸脱（執行役員制度にみられる）や大規模信用金庫の一部に市場経済に加わって経営行動を資本的に行おうとする勢力が無視できないまでになっており、それが本来の信用金庫の使命遂行を妨げかねない懸念を生じさせている。

　大局的に再検討して、地域社会・中小企業への密着性はこのまま強化する方向で努力するとともに、行政に協同組合制度の理解不足解消を要請し、協同組合理念・民主的経営の尊重とグループ力・連帯力の強化のため主導力を発揮することが必要であろう。

3　欧州協同組合銀行グループの現況

まず、ユーロ圏の実力を経済指標からみると（表1）、わが国に比較してGDPが2.4倍、労働生産性や可処分所得1割強

表1　EUROの経済指標（2005）

	ユーロ	アメリカ	日本
総人口（百万人）	313.6	296.7	125.7
GDP（10億ユーロ）	8.0	10.5	3.3
労働生産性（EUROを100）	100.0	127.8	89.5
経済活動付加価値（全産業を100）			
農業・漁業・林業	2.0	1.3	1.6
製造業	26.5	22.0	29.0
サービス	71.5	76.7	69.4
家庭（千ユーロ）			
可処分収入	16.4	25.7	15.8
総貯蓄	14.9	2.9	10.3
金融資産	285.0	429.4	467.7
政府総負債（対GDP）	70.8	49.2	157.9
非金融業金融資産	140.7	110.4	163.7

出典：欧州中央銀行［2007］『統計ポケットブック』

EURO13か国における各国GDP構成比（全体が100）

(単位％)

ドイツ	フランス	イタリア	スペイン
28.0	21.4	17.7	11.3
オランダ	ベルギー	オーストリア	
6.3	3.7	3.1	

出典：欧州中央銀行［2007］『統計ポケットブック』

GDPおよび失業率の推移

年	ドイツ	スペイン	フランス	イタリア
1996～2000	2.0 (8.3)	4.1 (14.6)	2.7 (10.7)	1.9 (11.0)
2001～2005	0.9 (8.7)	3.2 (10.5)	1.5 (9.2)	0.6 (8.4)
2005	(9.5)	(9.2)	(9.7)	(7.7)

出典：欧州中央銀行［2007］『統計ポケットブック』

など優れており、劣っているのは金融資産関連指標（政府負債は除く）のみであることを確認しておく。

次に最近の特徴として、21世紀に入ってユーロ各国においてグローバル化の一つの指標として越境的な合併統合が進展していることがあげられる。イタリア銀行2005年報告より転載した（表2）により各国における外国銀行の資産額に対する占有率をみると一目瞭然であるが、概ね旧ソ連圏である東欧の国が外銀の支配が強いことが分かる。ルクセンブルグは例外としても、欧州圏ではオーストリアとベルギー約20％、オランダ約14％が目立つ。イタリアにも約17％の外銀店舗が存在する、別の見方によればトップ10銀行の資本の平均20％が非居住者による保有という。同じ報告によると、

- 2005.10：ユニ・クレジット・イタリアーナがドイツのバイエリッシュ・ヒポ・フェライン銀行を吸収。
- 2006.3：バンカ・アントニア・ポポラーレ・ベネータ（SPA）がオランダのABNアムロにより吸収された。
- 2006.5：フランス銀行グループBNPパリバがラボーロ銀行を合併。

というように、EUのグローバル化と通貨統合の進展が、激しい吸収合併による資本の集中、弱肉強食の戦いを繰り広げているためか、それが協同組合銀行グループにも及んでいることを窺わせる。こういった変化の中でグループの存在と価値はどうであろうか。

欧州協同組合銀行協会によれば、「欧州協同組合銀行（EU25

か国で30の加盟銀行）は欧州の金融経済システムにおける主要なプレーヤーの一人である。1億3千万人の顧客、約70万人の従業員、6万の営業店や窓口と17％の預金シェアを持っている。協同組合銀行は積極的に経済成長や雇用創造に貢献している。それは特に彼等のビジネスモデルの永続性と彼等が数々の経済事業体、とりわけ中小企業に対する支援を通じてである。彼等はまた金融システムと経済の安定性・競争性にたいし、彼等の資本形成と業績の一貫性・健全なマネージメントにより貢献している」と述べている（「協同組合の構造・原則・EU法」の結末より）。

（表3）によってもその概略は読み取れるが、少し内容に立ち入ってみると、経営体数ではすべてが減少傾向である。激しい合併統合がいずれの国においても行われたためだろう。（イタリアが増加となっているが、イタリア銀行の統計では同年次で44から36に減少としており、この数値は協同組合形式の庶民銀行のみを計上したもので、欧州協会のは株式組織庶民銀行も加えたものであろう。イタリア庶民銀行のホームページもこの間の事情を説明しており、2003年12月現在58活動しているが、内39が協同組合形式で残り、19は協同組合銀行持株会社の管理下に入ったので株式会社に移行したと述べている。またフランス庶民銀行の計数は2004年と同じになっていたため、同グループのホームページにより表を修正した。というようにこの表はアバウトの概念としか利用できない）。ところがフランス、イタリア、スペイン三国では営業店舗、従業員数が増加、ドイツも営業店数は減少しているが、従業員数は増加しているというように合併統合・合理化の在り方がわが国の信用金庫と違っ

ている。協同組合銀行が合理化の過程でも「持続的雇用機会の責任的供給者」として普通銀行より慎重に配慮している証拠だと同協会はコメントしている。

表2　欧州主要国における外銀の存在

(2005年12月現在)

国名	銀行数 合計数	外銀数	資産額 合計額（10億ユーロ）	外銀占有率（％）
オーストリア	844	50	723.9	19.9
ベルギー	105	79	1,123.4	19.7
フランス	418	161	4,646.1	10.8
ドイツ	2,089	130	6,903.2	10.5
ルクセンブルク	155	150	792.4	94.5
オランダ	401	32	1,749.6	14.2
スペイン	268	86	2,073.3	10.9
クロアチア	38	17	36.2	91.4
チェコ	36	27	103.4	94.4
ハンガリー	208	33	74.5	83.0
ポーランド	649	43	152.1	70.0
ルーマニア	41	30	35.0	62.2
スロバキア	23	21	38.6	97.3
スロバニア	25	9	29.3	22.6
ロシア	1,205	51	285.2	8.3

出典：イタリア銀行 2005 年報告より

4　欧州協同組合銀行の構造的特徴

欧州の協同組合銀行の構造を規制しているのは、憲法、民法、協同組合法、銀行法等である。協同組合銀行はそれらの法律に包含された一部として存在する。

例えば、イタリアでは憲法・民法規定を受けて銀行法の第5章が協同組合銀行に当てられており、それがさらに庶民銀行と信用協同組合銀行に分けられ、通常の銀行法が適用されぬ部分

表3 欧州主要協同組合銀行要覧

(上段2001.12 (A)　中段2004.12　下段2005.12 (B))

	経営体数	営業店	会員数 千人	顧客数 千人	職員数	総資産 (百万ユーロ)	預金	貸出金	預金シェア %	貸出金シェア
ドイツ	1621	16,707	15,155	30,000	169,900	552,904	392,477	336,961	16.4	11.1
	1335	14,554	15,507	30,000	164,700	848,688	513,172	473,533	18.5	11.6
	1290	14,122	15,725	30,000	188,435	909,179	531,860	486,158	18.3	11.7
(A-B)	-331	-2,585	+570	0	+18,535	+356,275	+139,383	+149,207	+1.9	+0.6
スペイン	88	4,161	1,420	8,169	15,565	45,181	37,575	30,302	5.0	4.8
	83	4,607	1,670	9,593	17,634	63,655	53,255	48,847	5.0	5.3
	83	4,715	1,799	9,716	18,335	80,548	67,999	63,838	5.2	5.4
(A-B)	-5	+554	+379	+1,547	+2,770	+35,367	+30,424	+33,536	+0.2	+0.6
フランス	29	2,203	2,000	5,400	34,800	193,600	86,500	101,500	5.6	7.4
	22	2,692	2,800	6,600	43,500	250,404	94,800	121,000	6.4	8.2
	21	2,807	3,000	6,800	45,530	N.A	97,900	138,400	N.A	N.A
(A-B)	-8	+604	;1,000	+1,400	+10,730	-	+11,400	+36,900		
イタリア	85	6,730	1,150	7,700	59,800	337,000	209,100	179,700	23.3	21.2
	88	7,386	1,035	8,400	53,000	414,000	239,600	213,800	20.8	19.5
	90	7,593	1,070	8,050	72,144	365,200	254,100	243,000	20.5	19.9
(A-B)	+5	+863	-80	+350	+12,344	+28,200	+45,000	+63,300	-2.8	-1.3
オランダ	369	2,017	825	9,000	52,173	363,619	172,174	208,614	30	30
	288	1,643	1,456	9,000	56,324	475,089	252,996	192,123	39	25
	248	1,575	1,551	9,000	50,988	506,234	278,095	186,459	39	23
(A-B)	-121	-442	+726	0	-1,185	+142,615	+105,921	-22,155	+9	-7
イギリス	1	136	0.01	2,240	4,057	12,678	9,908	6,268	2	2
	1	133	0.01	2,230	4,247	13,264	10,537	6,694	2	2
	1	119	0.01	2,200	4,271	16,452	12,240	10,998	1.1	0.7
(A-B)	0	-17	0	-40	+214	+3,774	+2,332	+4,730	-0.9	-0.3
EU計(15)	3,923	50,252	38,436	101,468	547,474	2,531,216	1,436,870	1,385,708	?	17
(25)	4,567	58,437	44,501	125,701	648,136	3,742,303	1,943,640	1,868,905	17	15
(25)	4,436	58,336	43,413	123,654	691,555	N.A	2,068,179	2,039,107	N.A	N.A
(A-B)+10	+513	+8,084	+4,977	+22,186	+144,081	N.A	+631,309	+653,399	N.A	N.A
信用金庫	349	8,400	8,981	?	130,302	700,883	621,025	385,121	10.2	15.0
	292	7,776	9,190	?	111,364	737,546	663,050	378,911	11.0	16.2
(A-B)	-57	-624	+209	?	-18,938	+36,663	+42,025	-6,210	+0.8	+1.2

出典：欧州協同組合銀行協会の年次統計より作成

注：EU全体には農業系も包含。フランスの2005の数値は欧州協同組合銀行協会の数値は2004と同じなので、同国のホームページにもとづき修正した。それにともない、EU全体の2005年の数値はフランスの修正により訂正。信用金庫の数値は同全国会の統計表による。貸出金シェアは中小企業向け貸出金残高による。フランス、イタリアの数値は庶民銀行のみ。1 EUROを160円で算出。

について規定されている。一人一票や加入脱退の必要条件、利益処分の制約などである。

フランス銀行法は協同組合銀行を金融機関の一員と位置付け、それらに適用される法や規則の制限の下で対象たるすべての銀行業務執行(外為・貴金属売買等)が可能である。

スペインでは協同組合法のもと信用協同組合法があり、それによっているが信用供与に関しては商業銀行や貯蓄銀行と同じ能力を有すると規定されている。会員制度による財産の共有と税の優遇が規定されている。

総じて、税の優遇措置は対象と業務行為の厳格な限定のもとに行われているように思われる(イタリアは庶民銀行には適用されぬが信用協同組合銀行には適用など)。

そこで、つぎに欧州にある協同組合銀行について組合員対象別に分類すると、

① 中小企業を主たる対象にするもの——庶民銀行グループに属するフランス・イタリア
② 農業を対象のフランスのクレヂ・アグリコールやイタリアの信用協同組合銀行等
③ 個人信用を主体とするもの——イギリスのコープ銀行
④ 中小企業・農業をともに対象にするもの——ドイツ

となるが、資産のウエイトからいうと農業信用系統の実力が大きいようである。

組織形態別でいうと大部分協同組合であるが、イタリアではかなりの部分が株式会社形式であるし、フランスではBRED

銀行が一つだけだが株式会社である（これは庶民銀行が株式銀行を吸収した際、法制上転換したものと聞いている）、イギリスでは消費協同組合連合会の一子会社というように必ずしも協同組合形式に統一されていない。また、国によって組織形態が異なり、ドイツでは中小企業と農業むけの組織が一体化しているが、フランス・イタリアでは分離されており、イギリスではコープ銀行の他に信用組合があるし、アメリカでは協同組織形態でも組合員は出資者ではなく拠金者すべてが会員というように多様である。

中央機関はわが国と同様に2段階制もしくは3段階制であり、最高機関は行政調整機関と事業統括機関に二分されているが、事業機関はほとんどが株式組織形式である。しかし、イタリアでは庶民銀行中央機関がなく大手庶民銀行がいくつもの個別グループを形作っていて、全国的統括は他の銀行と同様に中央銀行という特殊形態もある（但し、信用協同組合銀行は3段階制で中央機関をもつ）。

グループの加盟上部団体は、庶民銀行国際連合やユニコバンキンググループ（中央機関の事業連合体）、国際協同組合銀行協会、国際ライファイゼン連盟、農業信用国際連合、貯蓄信用組合世界評議会など多様で、単位銀行が複数加盟を行っているのが常態である。

信用金庫は庶民銀行国際連合の賛助会員になったことがあるが、積極的に活動してはいなかった。概してわが国の協同組合金融機関は、国際協力（協同組合間協同）には消極的である。

5　欧州協同組合銀行の独自的な業績

つぎに主として同協会の年次報告や数々の小論文を通して、その行動と経営の独自性について述べることにする。因みにユーロ圏の13か国における経済力（GDP）全体を100とすると、ドイツ28.0％、フランス21.4％、イタリア17.7％、スペイン11.3％で、以下オランダ6.3％、ベルギー3.7％、オーストリア3.1％は低い（P.110参照）。

最初に欧州協同組合銀行協会（EACB）による各種の報告からみた協同組合銀行の注目すべき実績を取り上げる。本協会は1970年に設立され、わが国の協会と同様な活動を行っているが、2005年年次報告等によればグループの利益代表としてのロビー活動として次の事項に取り組んだ。

（1）バーゼルIIに対する積極的な関与。すなわちワーキンググループを規制成立までの全段階で委員会や欧州議会にかかわらせ、連結勘定を行うと否とにかかわらず信用供与条件の緩和、居住用不動産ローンや中小企業向けローンに対するリスク評価基準の低減を主張して当初案を修正（50％を35％に等）させた。また小規模銀行を助ける為の『比例原則』適用を十分考慮することを可能にさせた。信用金庫からも全信協小此木常務が派遣されて発言の機会があったが、欧州協会の方が地縁もあるためか、より積極的継続的に取り組んだようである。

（2）新会社法と企業統治についてワーキンググループを発足させ、協同組合の特別な規則（会員の総会出席・投票の方法）

やマネージメントを考慮したもの（監査協議会の役割）を強調することに成功した。この点わが国において協同組合金融機関の経営統治の独自性が業界で意義付けられておらず、執行役員制度の無批判的導入が行われた。協同金融研究会がボランティアで多角的自主的に検討しているのと対照的である。

（3）欧州委員会の『2005～2010年 金融サービス政策白書』に対し2006年3月に事務局長名でe-mailにより「規制コストが重荷である例として、オーストリアの事例とコンサルタント会社の調査結果を示して、2007年にはこの問題を優先的に解決すべき」と意見を陳述した。その結果か、2007年2月に欧州銀行産業委員会主催で「よりよき規制にチャレンジ」という集会が立ち上げられている。

その他、銀行業界で問題になっているテーマについての調査・研究の実施や刊行物の発行によって世論喚起と業界内コンセンサス醸成に役立たせている。

例えば、2005年12月第1回協同組合銀行大会の開催に際して「協同組合の価値と発展」等のシンポジウムが行われた。そこで、イタリア信用協同組合銀行全国協会代表カルロ・フラッタ・パジーニ博士は「協同組合銀行の社会的責任と『地域密着』は同じメダルの裏表。顧客との「親密性（密着性）」――イタリアでは『地域主義』という表現がより使われているが――「社会的責任」は協同組合銀行の心といってよい。民主的統治性とともに、銀行の独自モデルとして際立った基本的要素をなしている。」「密着性、社会的責任と民主的統治の相互作用が地域経済の発展の重要な主役として協同組合銀行を位置づけている」と強調している。

最近、同協会から出版されたもののうちから内容の一端を紹介してみよう。

　A「協同組合の構造、原則とEU法」2005年3月
　B「企業の社会的責任——協同組合銀行の業績」2005年8月
　C「協同組合銀行における企業統治原則」2006年

　Bの前置きに「企業の社会的責任が、比較的最近論じられているが、一般的に協同組合特に協同組合銀行においては企業の社会的責任を19世紀の制度誕生以来実践してきている。——それらの会員は適正な条件で他から金融サービスを受けられぬ為に、彼等の金融資金を相互にプールすることでサービスが受けられるようにした——。自助・自己責任・協同と連帯・大多数の社会的共益性を鼓舞することを通じて企業家精神を推進してきた。信用供与の決定とビジネス政策が会員との長期的つながりを司ってきた」。したがって多くの国における模範的事例は、この理念の反映に他ならぬということであろうか。

　①地域の持続的発展——利潤原理のみで意思決定する信用部門の他のプレーヤーにはできぬ、市街地から遠隔地までのより進んでいない地域の経済神経組織を発展させるのに貢献、その模範がイタリアの信用協同組合銀行によって1999年署名された「地域社会の発展の為の新しい誓約」が物語っている。

　②中小企業金融の推進——欧州の私企業の99.8％が職人と中小企業、労働力の59％以上を雇用。欧州の全就労機会の半分に責任を負っている。イタリアでは中小企業がGNPの70

％超、庶民銀行は企業向け融資の75％を中小企業へ。ローカルエリアに関する協同組合銀行の知識特性はスタッフの大部分が中小企業出身の企業家であるから、ローン評価において競争的に利便性が与えられる。

③スペインの農村金庫では高い基準の社会的責任を維持する為、従業員はしばしば倫理規約にサインする。また社会政策について建設的な対話を労働組合と積極的に行っている。

④企業の社会的責任関連の実績について継続的にレポートを発行している。その模範はイギリスのコープ銀行で2004年11月に国連によって世界のベスト1に選ばれた。

⑤社会的責任投資の例──フランスの庶民銀行と農業信用金庫が世界で最初に社会的責任ファンドを1984年に創設。イタリアの非営利団体グループが共同してエチカ庶民銀行を造り社会的責任ファンドをスタートさせ、それに習った欧州の非営利団体が続々同様ファンドを作り出している。

⑥グリーンファイナンスの推進──オランダのラボバンクは持続的エネルギーすなわち風力発電やバイオマス発酵装置、環境に優しいグリーンハウスへの投資を行っている。その他フランスの庶民銀行は生態学評価を独立した専門委員会に依頼して特別ローン制度を発足させているし、農業信用金庫は自動車産業の中小企業に環境保全型融資システムを実施している。

⑦事業継承マッチングビジネス──年寄りと若い企業家の間の事業継承のマッチングを容易にする為、ドイツ協同組合銀行連合協会は事業交流プラットホーム「Next」に参加。この企画は2003年経済労働連合省によってつくられ、25以上の組織が契約している。すべてのデータは匿名で、協同組合銀行はもし

提示に真面目に興味があるならば第三者間を直接コンタクトさせて成立に導ける。

⑧イタリア（信用協組銀行の）、ドイツ、フランス、オランダなど協同組合銀行の中央銀行が協同して発足させたユニコバンキンググループは個別銀行や個別中央機関では限界のある大プロジェクトを協同で解決する野心的な事業体である。このことが、普通銀行に対抗して協同組合銀行の国際的な金融機関の地位強化に役立っている。

6　欧州協同組合銀行の経営管理

以上の業務活動を支えているのが協同組合銀行の組織構造であり、協同組合的な独自的企業統治方法である。組織構造は既述したので、ここでは後者について述べることにする（以下主としてＣによる）。

「企業統治」は広い意味で、企業が指揮され管理される制度と見なされる。その構造は役員会、持分主と利害関係者の間の一連の関係であり、それらの間の権利と義務の配分を特定され、企業事業の意思決定のルールと手順を説明するものであろう。

協同組合銀行の企業統治は、会員たちの金融的要求のみではなくて適正で価値あるサービスの提供が行われることにある（このことから、協同組合が資本市場志向ではなく、持分主の価値創造が目的で、利潤の極大化が中心目的ではないことがわかる）。

その為に、協同組合の「所有権」（すなわち投票権と総会の発言権、理事の任命権など）はメンバー取得からのみ生じる。

その権利は個人の会員制度に伴うもので持分に付随するものではない。組合員個人に権利が付帯しているが、民主的参加が妨げられぬ程度の変更は許されている。投票権は一人五票を超えぬ範囲で許されているし、郵便や電子投票も可能である。

組合員の意思を代表する役員会の在り方として、経営執行と経営運営のふりわけがなされている。地域の企業者や自営業者・農業者・個人などが非常勤理事会（監査会）を構成しており、そこが経営運営をコントロールする権限を付与されている。そして執行常勤理事会のおこなう経営運営の行動・政策と彼等の適法性、費用と経済利益に関し監督する。したがって経営運営執行理事は監査会すなわち経営管理会議の非執行理事の要請によって報告しなければならぬし、重要な戦略的決定はそれらの許可が要求される。

フランスの銀行協同組合法によれば、理事会または執行役員会には組合員代表や上級管理職の他に従業員代表者5名が含まれねばならぬとされている（第3条）。またスペインの総会が不成立の場合に管理職40%が組合員代表とともに第二次招集総会の構成員として参加が法的に決められているなど概して従業員の経営参加権が保証されているようである。

さらに経営運営について会員／利用者の一定の関与が保証されている。フランスの協同組合信用の例だが、各営業店毎に顧客／出資者の代表が含まれる委員会が作られ、銀行の商品やサービスについて意見や勧告を表明したりして、詳細な情報提供や効果的な反応をしており、必要時にはその事業的提案を受け入れることが許されている。

7　信用金庫における協同組合的な特徴の変化

　信用金庫の組織・統治形式は、欧州と同じ協同組合形式であるが、ほとんどの信用金庫は総会に代えて総代会によって役員の選出や事業計画・決算の意思決定をおこなっている。欧州ではドイツがこれに当たるが、イタリアでも銀行法の改正によって「適格性のある企業組織によって」と変更に行っている。ドイツの実態はわからぬが、会員の主体性を決定づける総代はどんな人がどう選ばれるか信用金庫の経営統治の根幹となるから極めて重要な項目である。

　わが国でも制度の見直しが行われ合併転換法が成立した時において、総代制度の民主化が俎上にのぼり、選考方法の若干の改正が試みられた。しかし、わが国では実際上理事長が選任するという仕組みの変更はついに業界の抵抗で実現できなかった。

　全信協が行った「総代会の現状と機能向上に関するアンケート」2003年5月実施の結果をみても決して満足の行く内容といえない。総代候補者選考基準を定めているところ12.8％、総代の氏名、職業、年齢等デスクローズ誌に乗せているところ3.5％、一般会員の声をモニターする仕組みがあるところ0.6％などで、選考委員が公平透明に選任されているかはもとよりわからない。したがって地域の実力者会員が名を連ねてはいるものの、総代会はお手を拝借というような翼賛的な会であることが通例であるが、金融危機の時期において信用金庫経営への不信を払拭したり、外部からの不法な合併吸収強要のようなことが起きると、敢然会員の意思を代表する意見を表明する人物

が登場する場となったものである。総代会とそれによって選び出された理事会のメンバーに会員の代表が多く存在していたからである。そして、それを尊重する常勤役員がいたからである。新任の理事が最も緊張するのは、これら地元の総代非常勤理事のところへ挨拶する時だというのが偽らざる気持ちだったという。

『信金中金月報』2004年3月増刊号「協同組織金融機関のコーポレート・ガバナンスに関する一考察（広江亮）」において、非常勤役員には「各地の有力者が名を連ね、その信用により地

表4　東京都内信用金庫の役員推移

年次	A+B	常勤B	非常勤A	金庫数	一金庫当	非常勤比率(%) A／A+B
1982	713	356	357	58	12.8	50.1
1987	729	400	329	56	12.6	45.1
1992	702	411	291	54	13.0	41.5
1995	679	414	265	51	13.3	39.0
2005	304	220	84	25	12.2	27.6
参考2005.3						
全国信金	3,890	2,314	1,576	297	13.1	40.5
全国信組	2,658	811	1,847	175	15.2	69.5
都内信組	298	103	195	22	13.5	65.4

出典：各協会決算資料による

個別信金の例

	役員計	常勤数	非常勤数	非常勤比率(%)
城南	17	17	0	0
東京東	13	11	2	15.4
朝日	12	12	0	0
多摩	25	20	5	20.0
巣鴨	8	8	0	0
亀有	9	6	3	33.3
稚内	9	6	3	33.3
青和(信組)	8	6	2	29.0

出典：2006年度デスクローズ誌による

域の資金吸収(信用力)を補完」「外部の被利害関係者の客観的な判断により経営執行を評価するという体制は少なくとも検討に値する」と述べ、会員主体の経営統治の根幹の仕組みを評価していたが、今日それはどう変化したろうか。

(表4)によれば、約4半世紀前に理事会の半分を占めていた非常勤理事(地元会員/顧客)が4分の1強にまで減っている。中には0という金庫さえあるし、総代に何と会社・団体名が堂々と掲載されるデスクローズ誌が若干だがある。協同組織の理解が消失し、職員出身者と官庁出身者上がりの事務職員が会

表5　東京における中小企業貸出実態(信金・地銀・第二地銀)

		都民	東日本	東京スター	八千代	城南	朝日	東京東	城北	多摩	巣鴨	西武
1店当中小貸出先		698	745	1775	1002	868	1228	959	888	1218	1308	980
一先当中小貸出残 百万	18.3	27.9	21.7	15.8	14.5	18.5	13.0	12.1	12.6	11.9	13.7	13.9
	17.3	26.0	20.0	15.0	13.6	17.3	12.8	11.9	12.1	12.2	13.1	12.6
	16.3	24.4	20.0	11.9	13.4	16.3	12.9	11.6	11.7	11.8	12.9	11.4
貸出に占める中小比率	18.3	92.4	89.4	93.1	88.2	99.7	99.4	99.0	98.4	97.3	99.4	99.2
	17.3	92.0	89.4	90.4	90.3	99.5	99.5	98.7	99.1	98.4	99.3	99.3
	16.3	90.7	91.3	81.6	92.5	99.5	99.4	98.8	99.0	99.7	99.0	99.3
1店舗当貸出残億		211	180	302	165	240	125	117	114	149	180	105
預貸率		75.1	82.6	75.0	74.0	63.7	57.0	62.7	57.4	57.3	57.3	69.6
エリア(都府県)[1]		4	5	9	3		3		5	3	3	2
自己資本(比率)		10.3	9.0	8.8	9.8	12.3	8.0	8.8	6.6	8.6	9.3	9.2
内資本金の比率		na	na	na	28.9	35.6	50.3	34.7	na	29.5	4.1	na

出典：金融庁ホームページ
注1：日本金融通信「金融名鑑」2006年版より算出

員理事と執行理事を独占してはばからない。スウェーデン庶民銀行は10人の代議員からなる委員会が理事候補を選任する、その各委員は10の地方から各一人となっているというが、地域の会員に密着した総代・理事の選出が年々減って0にまでなっている経営が黙視されているのはどんなものだろうか。

また会員勘定に占める出資金の割合がわずか1.8%や4%台のところがあるが（表5）、このような内部留保金の状態が「会員軽視につながりかねぬ、適度の割合を保つべき」とドイツの協同組合研究者グループは警告している。行政指導の在り方の結果だと言い訳する向きもあるが、共存共栄を旗印にする会員制度における利益分配の在り方（例えばフランス庶民銀行では内部留保の資本化が一定条件でOK）と併せて検討すべきだろう。

　しかし、一方では中小企業密着の点では極めてみるべき経営姿勢が見て取れる（表5）ことも強調されるべきだろう。この点が普通銀行である地銀・第二地銀との違いで、営業エリアは一部かなり広域化しているが密着性では格段の特徴を示している。その上、中小企業の経営・社会的地位向上への貢献活動も、他と比べてすぐれており、東京都信用金庫協会が学識経験者、商工会議所、日経新聞に協賛してもらい20年近く実施している地域優良中小企業の表彰制度、異業種交流の組織者として亀有信金を軸としたシグマグループ、青梅、西武、東京東など多くの信用金庫でみられるし、鹿児島相互は10年来地域中小企業主をアジア・ロシアへ産業視察・商談会のため継続派遣（時事通信金融財政版）、高松信金は四国の中小企業家同友会と提携して同会モデルの会計資料を使用する中小企業の融資レート優遇契約書を取り交わした（中同協）など枚挙に尽ない。ただし、最近融資対象規模がややいいとこ取りにみえるのは、リスク査定の厳しい行政指導のゆえもあろうが、欧州庶民銀行の「市街地から遠隔地まで」「経済神経組織の発展に寄与」を見習い、税優遇見返り程度は積極化したらどうだろうか。

おわりに

　協同組織金融機関は、元来市場原理一本槍の方向勢力に対する拮抗力として誕生し、維持されてきたものである。したがって、現在の時流がアメリカ的な何でもあり経営をよしとする金融指導には素直に従うことの困難な理念・経営統治法をもつグループな筈である。EUでは、企業形式の異なる金融機関が多様に存在することが持続可能な社会発展にとって必要だと広く認識され支持されている。その上、より正しい施策が行われるように協同組合銀行グループが結束して連帯・協同の実を挙げている。

　わが国の制度論議において、この点を行政も学識経験者も正面から取り上げて百年の計を立ててほしいし、業界も右顧左眄することなく大同団結して悔いの無い結果を子孫に残してほしいものである。

2 現代社会に生きるクレジット・ユニオンから学ぶ新たな取組み

楠本 くに代
(金融消費者問題研究所代表)

はじめに

　世界をあげてメガ・バンクの時代の中で、クレジット・ユニオンが静かに、そして深く消費者の生活に浸透している。アイルランドでは、人口の半分が、米国やオーストラリアでは人口の30％が、クレジット・ユニオンのメンバーであり、また、東欧、南アメリカ、アフリカ、アジアなどでは、クレジット・ユニオンが急速に成長しつつあるという。

　本稿では主として英国のクレジット・ユニオンを中心に、その目的、根拠法、政府並びに消費者から何が期待され、どのような活動を展開しているのかを眺める。なぜ今、クレジット・ユニオンが世界で高い関心を集めているのだろうか。クレジット・ユニオンの理念やエトスを原点に返って学ぶことが日本の協同組織金融機関である信用金庫の持続的発展につながらないだろうか。そんな視点からクレジット・ユニオンを眺めるのが本稿の目的である。

1　多様な局面で消費者の生活を支援する
　　クレジット・ユニオン

　まず、クレジット・ユニオンが、消費者の生活にどのように関わっているのかを、具体的な事例を通して眺めてみよう。ここで紹介する事例は、英国クレジット・ユニオンの最も大きな協会（ABCUL＝400以上のクレジット・ユニオンを擁し、その会員数はおよそ40万人）のホームページに掲載されているものである。クレジット・ユニオンの会員は多様であり、典型的な会員像というものは無く、サービスに関するニーズはバラエティに富みフレキシブルであるとABCULは述べている。

①リーゾナブルな貸付と貯蓄の習慣・生活設計への取り組みの動機付け

　1）アリソンは幼児を抱え、シュアー・スタート（早期就労支援制度）に参加している。最近公営住宅に移ったが、自分の家具をほとんど持たず、家具三点セットが必要だった。貯蓄もなく、金融機関から借りる手段も無く、地元の商店、「ブライトハウス」で、商品価格1,500ポンドプラス1,000ポンド（手数料、利息、配送費等）、週45ポンド返済という条件で契約を結んだ。なお、前払い金60ポンドは母親から借りて調達した。このことをシュアー・スタートの職員が知り、彼女にクレジット・ユニオンを紹介してくれた。そして全く同じ三点セットがわずか600ポンドで買えることを「アルゴス」のカタログで調べ、「ブライトハウス」に一緒に出向いて契約解除の交渉をしてくれた。その足でクレジット・ユニオンに行き、60ポンドを預金口座に入金し、600ポンドを借り、「アルゴス」から家

具を買った。アリソンは今、週6ポンド返済し、自分のために3ポンドを、子供のために1ポンドを貯蓄している。母親もクレジット・ユニオンの会員になり、アリソンは母親の口座に毎週2ポンド入金し、母親から借りた60ポンドの返済に充てている。

2）ドナーはシングルマザーで、「プロビデント」から700ポンドを借り、週35ポンド（32週返済）返済中である。700ポンドを借りて1,120ポンドを返済する計算だ。公的生活支援として週当たり94ポンドが支給されているが、ローン返済額はその37％に当たる。クレジット・ユニオンの会員がクレジット・ユニオンに働きかけてくれて、500ポンドの貸付が認められ、「プロビデント」の返済に充てることができた。クレジット・ユニオンに、52週にわたり週10.25ポンド返済することになっており（計533.10ポンド）、合計367ポンド利息が節約できた。ドナーは貯蓄計画を立て、ポートフォリオを作り、将来の生活設計に取り組んでいる。友人や近所の人たちにクレジット・ユニオンを紹介し、彼らはしばしば、100ポンドから250ポンドの小額ローンを利用している。

②環境の激変期のつなぎ融資

マリーはドメスティック・バイオレンスから逃れてシェルターに身を寄せた。しかし、ドラッグや暴力のはびこる環境は、彼女には耐えがたく、そこから出て自立することが最重要課題だった。彼女は持ち家半分10万ポンドの所有権と貯蓄を持っていたが、取引銀行は彼女の急激な環境の変化に対応した支援をしてくれず、他の銀行もそっぽを向いた。家に戻らざるをえないかに見えたが、クレジット・ユニオンが当面自立するのに

必要な資金を貸付けてくれた。彼女は今、幸せに暮らし、カーペットや週末の行楽費用等あまりドラマティックな理由でなくクレジット・ユニオンを利用している。

③多重債務者の救済

ジョンは警察官であり、多額の負債を抱え、自転車操業をしていた。銀行に助けを求めたが、オーバードラフト枠を少し広げてくれただけだった。すぐに限界が来て、彼はクレジット・ユニオンに助けをもとめた。クレジット・ユニオンは銀行のオーバードラフトや他のローンの返済に見合うお金を貸付け、彼は債務の整理をすることができた。クレジット・ユニオンの支援がなかったら、給料の差押さえ、やがては解雇に至っていたであろう。

④お金の安全な置き場所と若者に対するお金の教育

ジョーは70歳、妻を失い一人暮らしの年金生活者である。銀行をあまり信用せず、銀行口座は決済のみに使い、たんす預金をしていた。しかし、盗難等が常に心配の種であり、クレジット・ユニオンが預金をする安全な場所であることを知り、お金を預けた。あわせて、地元の学校に通う孫が、不時に備えて蓄えることを知らずに大人になることを心配し、子供たちにお金の教育をするボランティア活動に参加した。また、孫名義で、「若者のための貯蓄口座」を開く等熱心にクレジット・ユニオン活動に取り組んでいる。

⑤低所得層の持ち家支援と資産形成

リンダは金融排除撲滅特区に暮らす、トイレ・アテンダントをしている低所得層の女性である。ある時、融資を受けて公営住宅を購入することができるという情報を得て、クレジット・

ユニオンを訪れた。審査の結果、4万8,000ポンドを借りることができ、家を買うことができた。税の優遇措置その他の支援があり、思ったほど生活に支障をきたさず、着実に返済し続け、その後、その持ち家を売って、もっと環境のいい地域に家を買うことができた。彼女は、こんなことが実現できるとは夢にも思わなかったと言っている。

　事例から見えるクレジット・ユニオンは、日常の少額な用足しから、住宅購入のための高額な資金の提供と金額的にも幅広く、短期の資金需要にも長期の資金需要にも応え、緊急時の手当てから生涯にわたる生活の構築にも関わり、一人ひとりの利用者の顔の見えるサービスを提供している。そしてサービス提供に当たって、常に、より高い生活レベルの構築という長期的な理想を示し、その理想を実現するための極めて現実的な誰もが今すぐ踏み出せるささやかな第一歩をバック・アップしている。

2　クレジット・ユニオンとは

　このように消費者の金融生活を広範にわたって支援するクレジット・ユニオンは、協同組織金融機関の一形態である。会員の相互扶助を目的としたNPOないしは会員のために利益を追求する企業体と考えられている。銀行等と異なり、株主が会社の所有者ではなく、会員が所有者である。会員はクレジット・ユニオンに出資し、口座を開設し、会員のみが融資を受けることができる。通常、高い利息の預金、低い金利の融資をその特

徴としており、その他銀行等と同様な多様なサービスを提供している。一定の絆（例えば、地域、職場、教会等）のある集合体により設立される。その規模は、数人の会員からなるものから、経済に大きな影響を与える規模の会員数や資産を有するもの等多様であるが、いずれも基盤となる強固な哲学を共有している。

3　クレジット・ユニオンのエトス

　他の協同組織と同様、ロッチデール原則をその哲学としており、自助、自己責任、民主主義、平等、強固な資産基盤等を価値とし、正直、オープンであること、社会的責任、他者へのケアーを会員の資質として求めている。

　ロッチデール原則は様々な議論を経て、現在では大旨以下のような指針が採用されている。それらは、①ボランタリーな組織であり、性、人種、政治、宗教等のちがいに関係なく、会員としての責任を引き受けること、②会員により統治される民主的な組織であること、③会員は資金を提供する義務を負うこと、④自治と独立、⑤会員並びに一般特に若者の教育を担うこと、⑥地域、国、領域、世界の協同組織運動に協力的であること、⑦コミュニティーの発展に尽くすこと等である。

4　クレジット・ユニオンを律する法

　クレジット・ユニオンについて規定している法律は、1979年クレジット・ユニオン法（the Credit Unions Act）である。

この法は、クレジット・ユニオンの目的を以下のように定義している。

　①貯蓄の増進
　②公正で合理的な金利で会員のために融資の提供をすること
　③会員の貯蓄を会員相互の利益のために使うこと
　④お金の賢い利用方法や合理的な金利で融資を利用するよう
　　会員を教育・訓練すること

　さらに2001年12月金融サービス・市場法施行後は、同法の適用対象になり、FSA（金融サービス機構）がクレジット・ユニオンを直接規制するようになった。FSAルールのCRED（Credit Unions）にはクレジット・ユニオンに関わる詳細な定めが置かれている。

　したがって、銀行など他の金融機関と同様、クレジット・ユニオンの営業を行う場合にはFSAの書式にのっとり申請を出して認可（authorization）を得なければならない。FSAの規制・監督・エンフォースメントに服するのは無論のこと、訴訟外紛争解決機関である金融オンブズマン・サービスへの参加を義務付けられている。ちなみに各クレジット・ユニオンは独自の窓口をもって苦情解決に当たらねばならず、解決できない場合のみ、金融オンブズマン・サービスを紹介するよう定められている。金融オンブズマン・サービスは話し合い、和解、拘束力の無い解決案の提示、オンブズマンによる決定など多様な手法を駆使してすべて無料で、苦情の解決に当たる。

5 貯蓄の保護

　貯蓄に関しては、他の金融機関より有利な金利が付く他、貯蓄の額が多ければ多いほど多額の融資を受けることができ、また、貯蓄には無料の生命保険が付いており死亡した場合には家族が貯蓄額の2倍を受け取ることができる等のメリットがある他、貯蓄の安全性も様々な方法で担保されている。例えば、クレジット・ユニオンの経営の健全性や会員の貯蓄が安全に守られているかどうかは監督委員会（Supervisory Committee）に見守られ、会計監査人による監査が毎年行われ、また法により、詐欺や盗難の被害に備えて付保するよう義務付けられている。そして、最後の安全ネットである金融サービス補償スキームへの加入が金融サービス・市場法により義務付けられており、万一クレジット・ユニオンが破綻した場合には、預金の2,000ポンドまでは全額、次の3,000ポンドのうちの90％が保障されるようになっている。

6 市場の利益から取り残された人々への支援

　金融サービス・市場法施行前クレジット・ユニオンに対する規制は比較的緩やかであったが、施行後は以上のように法により他の金融機関と同等の規制を受けるようになった。政府はこのように規制の基盤を整えて、積極的にクレジット・ユニオン活動を推進しており、他国と同様英国でもクレジット・ユニオンの会員は増加している。では、なぜ政府はクレジット・ユニ

オン活動に積極的に向き合っているのだろうか。

　周知のように英国では、ブレア政権発足（1997年）以後、金融排除への取り組みが活発化している。"英国は世界でも最も大きな、最もソフィスティケートされた、最も競争的な金融サービス・セクターであり、新しいテクノロジー、生活や雇用の変化にすばやく対応している。また、変化するニーズに対応すべく広範な金融サービスを提供している。しかし、「市場がすべての人々のニーズに対応できないという実態がますます明らかになってきている。小規模ではあるが、大切な存在であるマイノリティーが、最も基本的な金融サービスさえ利用できないまま放置されている。」（拙訳）200万人の成人が銀行口座を持っておらず、少なくとも16万5,000世帯が金融機関のローンを利用できず、違法なローン・シャークを利用せざるを得ない状況にある。また昨年は何万人もの弱者（most vulnerable）が、Farepak社（クリスマスプレゼント用にお金を積み立てるクリスマス貯蓄スキームの会社）の倒産による被害を受けた"（Speech by the Economic Secretary to the Treasury、Ed Balls MP、2007.5.25）等の現実がある。

　英国政府は、規制緩和と市場の繁栄の陰で、繁栄の利益を受けられずに取残されている弱者に対する金融排除問題の解決を重点政策として掲げ、関係各方面に取組みを要請し、国自体も様々な施策を講じている。例えば、①多重債務助言機関は金融排除基金を利用してアドバイザーを400人増やし、昨年4月以来2万6,000人を救済した、②成長を支えるファンド（Growth Fund）は最も排除されている2万1,000人にクレジット・ユニオンやCDFIs（コミュニティ発展金融機関）を介してローンを

提供した、③ 2005〜2006年度、銀行や政府はあらたに80万人の成人に銀行利用の道を開いた等である。最近では、一部事業者の倒産で問題となったクリスマス貯蓄スキームの見直しも始めている。また、今年1月には、地域公益法人やコミュニティの団体と共催で、"お金のことを話そう"キャンペーンも行った。これは、クレジット・ユニオンがクリスマス貯蓄スキームに代わる信頼できる貯蓄機関であることをアピールし、この分野でのクレジット・ユニオンの役割を推進することを目的としたキャンペーンである。

7　セイビング・ゲイトウェイ (Saving Gateway)

金融排除克服活動で、政府が特に重点的に取り組んだのが、貯蓄推進運動であり、子供信託基金（Child Trust Fund）を作ったり、成長を支えるファンドを作ったり（これを利用して、クレジット・ユニオンは低所得層に様々な金融サービスを提供したり、クリスマス貯蓄口座をクレジット・ユニオン内に開設したり、子供信託基金を受け入れる口座の開設などを行っている）、税の優遇された庶民の資産形成を目的とした貯蓄口座ISAsを取り扱ったり、十分な年金を持たない人のためのステークホルダー年金を取り扱ったりして着々と成果をあげている。しかしこれだけでは十分ではないとして、セイビング・ゲイトウェイ・パイロット・プログラムをたちあげた。セイビング・ゲイトウェイとは、低所得層の人たちが貯蓄の習慣を付け、貯蓄手段を選択する目を養い、銀行等主流の金融機関利用の道を開くことを目的として作られた、貯蓄の経験のない人のための

入門口座である。この口座を実際に販売するに先立ち、二度にわたり実験的なパイロット・プログラムを実施した。第一次プログラムは 2002 年 8 月から 2004 年 11 月まで、第二次は、2005 年 5 月から 2007 年 3 月までの期間実施された。

　第一次は 5 地域、1500 人が参加した。18 か月、貯蓄目標額月最高 25 ポンド、総計最高 375 ポンドを貯蓄し、1 ポンドにつき政府が 1 ポンドマッチングする（おまけをつける）というプログラムである。第二次は 5 地域、2 万 2,000 人の参加者を募り、貯蓄目標額やマッチングにいくつかの選択肢を設けて行った。

　第三者機関はこれらのプログラムを高く評価し、①低所得層には金利よりマッチングのほうが分かりやすく、マッチングは圧倒的な支持を得た、②マッチングの額が高いか低いかはあまり貯蓄のインセンティブにはならない、③ 25 ポンドという額は取り組み可能な適切な額であった、④パイロット・プログラムが終わっても大部分の参加者は貯蓄を続けるつもりである、⑤年収 1 万 5,000 ポンド程度の低所得層に受け入れやすいプログラムである等と結論付けている。なお、第一次はコミュニティの金融教育機関を、第二次は直接ハリファックス銀行をセイビング・ゲイトウェイ口座開設のための窓口として実施した。第二次に対し、よりソフィスティケートされていない層からは、口座開設に当たりもう少し詳しい説明や満期時のガイダンスが必要だとの意見が出された。口座開設の窓口をどこにするかはまだ検討中であるが、政府は、全国どの金融機関でも受け入れるというオープン方式もあるが、クレジット・ユニオンや住宅公社のような地域金融機関に窓口の役割を担ってもらうという

選択肢も検討したいと述べている。

8 英国政府のクレジット・ユニオンに対する期待と支援対策

これらのさまざまな低所得者支援や金融排除克服等の新しいプログラムに取り組む時、政府の視野の中にはいつもクレジット・ユニオンがある。と同時に政府は、その先に、さまざまな金融サービスを提供する一般の金融機関（competitive provider）としての役割をクレジット・ユニオンが担えるよう期待している。「……クレジット・ユニオンは、貯蓄の手段を提供し貯蓄をするよう働きかけたり、低金利のクレジットを提供したり、裕福ではない人々が、優れたクレジット記録を構築できるよう、金融教育を行ったり等、価値ある様々な取り組みをしてきた。クレジット・ユニオンが貧しいコミュニティにとって、極めて重要・不可欠の存在であることを疑う余地がない。しかし同時に、くらしに余裕のある人々にも、自由競争原理に基づき、基本的な金融サービスを提供できる金融機関にもなりうる。」（拙訳、Consultation document by HMT, 1998.11）そして一般の金融機関としての役割をより着実に果たし、クレジット・ユニオンが自由競争市場に生き残るためにはどのような法改正が必要かを問い、最近従来の貸付金利月1％から2％に引き上げる等の法改正も行っている。ちなみにこれに関してはクレジット・ユニオンのエトスに反するとの意見も強く出されている。また、銀行やビルディング・ソサイアティに、クレジット・ユニオンがビジネスを拡張すべく必要な支援をすることの必要性を説いている。

さらに、クレジット・ユニオンの全国分布地図の作成等も政府が行い、コミュニティの住民が利用しやすいよう支援している。そして、米国やオーストリアやアイルランドでクレジット・ユニオンがますます多くの人々により利用され、英国でもクレジット・ユニオンが増加しつつある現実に触れ、「クレジット・ユニオンが成長を続けること、そして、これまでどおり、金融排除されている者に焦点を置きつつ、他方では、どのように一般層を取り込み成長を続けていくかを見守っていきたい。」（同上）との考えを示している。

9　信用金庫に期待されている役割
——協同組織金融機関の原点に還って

　現在、金融市場のグローバル化と繁栄の影に、その恩恵に浴することのできない人々が多数おり、大きな社会問題になっている現実が世界にある。英国は、さまざまな具体的な挑戦を行っており、その取組みの多くでクレジット・ユニオンが大きな役割を果たし、また今後ますますその役割を担うことができるような方向で政策が推進されている。

　わが国に目を転じると、バブル崩壊以後、総中流化社会が崩壊し、格差社会があらわになり、フリーター問題、多重債務問題等が危機的状況に達しているが、それへの具体的な取り組みはまだ何もみえていない。

　例えば、フリーターに象徴される雇用格差の問題。非正規社員がこの10年で大幅に増加し、労働者の3人に1人が、また、15歳から25歳までの若年層では2人に1人が非正規社員である。低賃金でその日の糧を得るのがせいぜいで、老後に備えた

貯蓄もなく、公的年金料さえ支払えない若者たちが激増している。放置しておけば、これら若者達はやがて老いて生活保護受給者とならざるを得ない。また多重債務問題。ようやく法改正がなされた状態で、地方自治体が未然防止や救済の主たる役割を担うという方向性が示されるに止まり、具体的な取り組みはまだない。

こうした状況の下、英国でクレジット・ユニオンが果たしている、そして期待されている役割はわが国にとって示唆に富む。わが国にも、クレジット・ユニオンに近い信用金庫がある。もとより英国の 1979 年 Credit Union Act とは異なる法制下にあり、その目的も、クレジット・ユニオンより広く、国民大衆のために金融の円滑を図り、その貯蓄の増強に資することとなっており、会員以外からも預金の受入れは可能とされている。しかし、協同組織金融機関である信用金庫のそもそものエトス、創設の趣旨は、クレジット・ユニオンとなんらかわるところはない。わが国の実態にかんがみ今協同組織金融機関として信用金庫が取り組むべき課題は何か。

まず、第一に、協同組織金融機関のエトス、設立の趣旨に立ち返り、いわば原点に返って、今どのような活動がそれぞれの地域で求められていて、信用金庫に欠けているのは何か、どのように活動の枠組みを広げるべきかを総点検することが必要だ。その際、この論文のはじめに紹介した英国の事例すべてが参考になる。事例からは、どのような活動が、地域住民の需要を満たし、クレジット・ユニオンへの信頼を高めているかが伝わってくる。特にトイレ・アテンダントのリンダの事例には、信用金庫の取り組むべき課題が集約しているように思える。

第二に、さまざまな緊急の課題を抱えているまさに現下の日本の社会・経済・金融環境の中で、緊急に信用金庫が今取り組まなければならない活動があるはずだ。それは何か。やはり、英国の実践——セイビング・ゲイトウエイ——が参考になる。まず、貯蓄の習慣をつけることが将来の安定した生活への第一歩である。低所得のフリーターをせざるを得ない状況にある若者もやはり1本の缶コーヒーを節約するところから出発しなければならない。可能な目標値をすえ、積み立てたお金にはマッチングが行われ、貯蓄の重要性、達成感、自らへの信頼感を培う。それが融資と結びつき、将来の持ち家や資産形成の可能性・希望に直結する。

　セイビング・ゲイトウェイは若者のみならず、多重債務者やその予備軍にも、貯蓄の重要性を教育し、貯蓄の習慣を身に付け、将来の自立を支援するという意味で重要だ。ちなみに多重債務の未然防止と救済には、緊急の場合ローン・シャーク等に手を出さず、リーズナブルな利率で融資を受けられる小額貸付システム作りが必要である。社会福祉協議会を地方自治体の窓口として、小額貸付を行っているが、現場からは、返済が滞る、また返済の意思が乏しいことへの危惧が聞こえてくる。融資にはモラルハザード対策が必要であり、放置しておいては、自立の目的を達し得ない。もし、地域の信用金庫が多重債務の未然防止と多重債務者の救済目的で、小額貸付に取り組めば、会員内の貸付であるため身近な顔の見える人からの借金であるということを実感でき、ある一定の貯蓄の努力をしなければ貸付を受けられないということが貯蓄のインセンティブになり、貯蓄と融資が将来の持ち家や資産形成への希望を与え、自らの貯蓄

が隣人の経済的自立を支援する元手になる等コミュニティの連帯感がモラルハザードを最小限に食い止めることができるのではないかと思う。セイビング・ゲイトウェイを信用金庫主導で行えば、会員内での小額貸付制度、将来の高額な住宅資金貸付制度を運動の中に即取り込むことができ、他に類を見ない総合的、効果的な展開が期待できるのではないか。

　もとより、セイビング・ゲイトウェイには政府がファンドを作る等の施策を打ち出さねばならず、それに対しては信用金庫が積極的に政府に働きかけを行う必要がある。それ自体が信用金庫の存在意義を世にアピールする活動になる。規制改革の議論の中で、信用金庫の普通銀行転換等の意見が出されていることを耳にするが、世界各国、また時代に逆行する動きに対しては、セイビング・ゲイトウェイのような強力なパイロット・プログラムで対抗することが必要ではないか。

　第三に、セイビング・ゲイトウェイのパイロット・プログラムで問題意識を高め、周知を図った後、結果をどう信用金庫の日常の業務の中に具体化するかという課題がある。私は、現在普及しているカードで簡単に下ろすことができたり、オーバードラフトができる口座ではなく、満期までは下ろすことができない口座、そして緊急時には窓口に出向いて身分を証明し、それなりの手続きを経て貯蓄を担保に貸付を受けるような口座が必要だと思う。せっかく貯めてもカードで簡単に下ろすことができたり、カードで簡単にオーバードラフトをして、結局貯蓄を流してしまうようなシステムでは意味がない。借金をすることの負い目を感じ、安易な借金をしないような精神基盤を作り、また必ず返済することを周知徹底して教育する。このような貯

蓄の初心者向きの、教育機能の付いた口座を考えてみてはどうかと思う。

最後に、セイビング・ゲイトウェイのその先に、信用金庫が取り組む課題は、若者、低所得層等も利用可能な金融商品の開発である。複雑・難解・ハイリスクの金融商品が身近な郵便局や銀行で売られ、その商品内容を理解できず購入させられて被害にあっている高齢者等が多数おり、社会問題になっている。シンプルで、リーズナブルで、さほどソフィスティケートされていない人も利用できる金融商品の提供が必要だ。こうした金融商品が開発されれば、団塊世代や高齢者層全般も利用でき、コミュニティの会員の枠組みを広げるとともに、自由競争原理に基づき、基本的な金融サービスを提供する一般の金融機関の役割を担うことにもなるであろう。具体的な商品の開発については、ここでは紙面の関係で触れることができないが、英国政府の開発した、一般市民の資産形成を目的とした税制優遇措置のとられたISAsや同じく政府が開発した、年金をもたないまたは不充分な額の年金しかもたない人々が利用できるステークホルダー年金などが参考になる。

繁栄の陰であえいでいる人たち、政治からそして行政改革の利益から阻害されてしまった人々を支援し、政治の方向を一部修正しつつ、自己責任で自らの資産形成ができるような支援をする信用金庫の活動を英国クレジット・ユニオンに学び、協同組織金融機関の原点に戻り、業界あげて考えることが今求められているように思う。

3 中小金融機関
大再編政策の再来を憂う

――「コミュニティ・バンク」を支持する明確な「民意」の取付けを――

由里　宗之
(中京大学総合政策学部教授)

1 政策検証されぬまま繰り返される中小預金金融機関の大再編

　筆者は、十数年間勤務していた銀行（大和〔現りそな〕銀行）を辞め、米国のコミュニティ銀行の研究を始めて間もない頃、米国銀行協会のストーニア高等銀行研修所に一般研修生として参加した（由里［2000: 127-138］）。そこでの論文指導主査としてお世話になったロバート・ナイト博士から、日本の地方銀行の経営課題を扱った拙稿（Yuri［2000］）に是非書き加えるよう勧められた言葉がある。

Those who cannot remember the past are condemned to repeat them.
（過去〔の経験〕を念頭に置くことができぬ者は、必ずそれ〔過誤〕を繰り返す）

（Santayana［1962: 184］）

　日本の経済・金融情勢にも関心の高いナイト博士は、スペイン生まれの米国の詩人・哲学者サンタヤーナ（1863〜1952）のこの警句を、時あたかも戦後未曾有の危機にあった日本の金

融界を論ずるうえで、筆者に是非認識させたかったのであろう。

 平成金融危機という「過去の経験」を「念頭に置かねばならない」、その主体には、もちろん金融機関経営者たちが含まれるであろうが、政策担当者たちも同様であろう。しかしながら、1996年まで大蔵省の銀行局長を務めた西村［2003: 419, 427］自身、「必要以上の混乱を生じさせた」、「多数の『暴力』と『流血』の事例」と回顧する、あの中小預金金融機関の大再編政策（図1）に関してさえ、組織的な検証はなされていない（少なくとも、米国FDIC［1997］のように当局としての公表・説明責任を果たしてはいない）[1]。

図1　1985～2006年の信用金庫・信用組合数の推移

出所：信金中央金庫［2006］『全国信用金庫統計』、および全国信用組合中央協会［各年度版］『全国信用組合決算状況』

 いや、そもそも、米国で今なお約8,000行も存するコミュニティ銀行[2]を主な研究対象としてきた筆者の目からは、わが

国にもかつて存在した千数百にも及ぶ小銀行が、「一県一行主義」という大再編成策の強行により消え去った（図2）、あの前世紀前半の大きな出来事の政策的評価すら、官・民・学いずれにおいても極めて不十分と見受けられる。

図2　大正末〜昭和戦中期の普通銀行数の推移

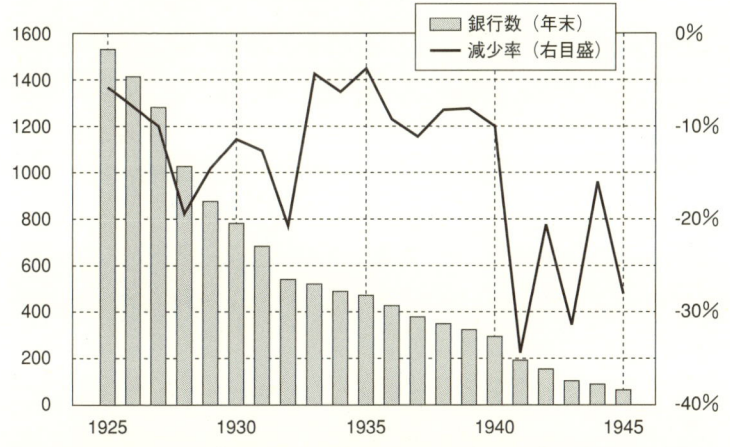

出所：(財)金融研究会［1934］『我国に於ける銀行合同の大勢』、後藤［1981：78］。

　戦前の小銀行は、金融史の諸論考において、管見するところ、「（地主層のための）機関銀行」さらには「高利貸銀行」などと批判されることが多い。大正期以降台頭した産業組合などの協同組織金融機関と比較すれば（たとえば横山［1997］）、コミュニティ銀行的な性格（地域住民一般の利益を図るという経営姿勢）は相対的に少なかったのかもしれない。しかしながら、1933〜35年ごろ、一旦は減少ペースが小康状態となった際の銀行数、4〜500行という水準は、奇しくも前掲図1において信用金庫・信用組合の数が急減する以前の信用金庫（1985年、

456庫)、信用組合(同、468組)と同水準であり、地勢が入り組み生活圏が元来きめ細かく分かれていたわが国において、小銀行もまた、生活圏に根ざした金融業態の一つであったことを示唆している。

しかし、その後の国家総動員体制・金融機関統制の強化のもと、「断末魔の様相というくらいな恰好で突き進んでいった」合併(後藤[1981: 465])の嵐のなか、小銀行群は消滅し、概ね「一県一行」に再編された地方銀行は、その運営において国家財政方針に従属し(戦時国債消化機関化)、自主性を喪失していく(朝倉[1988: 188, 221-222])。「地域経済圏を支えるエトス[地域の生きざま・気概]と、在来産業を支える銀行セクターが力つきた」と寺西[2003: 185]が評する小銀行の消滅が、各地域(とりわけ非大都市部)にとって損失でなかったはずがない。

ふたたび図1と図2とを見比べるならば、2000年前後の信用金庫・信用組合の急減は第一波(小銀行再編の1930年前後の第一波に相当)に過ぎず、より大きな再編第二波が待ち受けているのでは、との連想も脳裏をかすめる。

今般の「規制改革・民間開放推進会議」の第三次答申(2006年12月25日)の「協同組織金融機関に関する法制の見直し」の文面を読む限り、戦中期に小銀行業態を消滅させたような大再編の第二波が企図されているようには解されないが、さりとて政策当局が先の信用金庫・信用組合の大再編に関する政策的評価も明らかにせず、「オーバーバンキング論」も否定はしていない現状では、疑念は払拭され得ない。

官・民・学(すなわち筆者自身にも責任の一端はある)のい

ずれもが、昭和の金融大再編からも平成の金融大再編からも十分学ばぬまま、仮に次なる経済の激変期を迎えることになり、そこにおいて「90年代に整備された退出・参入の自由化〔引用者補筆：信金・信組にとっては「退出の自由化」のみ〕を含む金融制度が、金融の実態としてその〔巨大な〕効果を顕在化させるプロセス」（西村［2003: 428］）が実現したら、どうなるのであろうか。

加えて、その激変期において、1990年代の大蔵省に見られたような官僚組織特有の組織防衛機制が作動し、「個別金融機関の経営危機〔引用者補筆：この判別も官僚の裁量による〕に対する……選別的かつ場当たり的な対応」（上川［2005: 221］）が重なれば、どうなるのであろうか。筆者が初の拙著の結語部分で疑念を呈した、「『規模が大きければ経営は安定』という素朴な『規模の経済性』の信奉、ないしは『民間金融機関は数が少ないほど監督上便利』という官僚的思考法」（由里［2000: 295］）は、金融庁においても十分払拭されているようには見受けられない。

冒頭に掲げた「過去の経験を念頭に置くことができぬ者は、必ずその過誤を繰り返す」との警句は、やはり忘れてはなるまい。

2　明確な民意が政策や監督当局のスタンスに影響
　　――米国の場合

前節でも引用した、元大蔵省銀行局長の手になる西村［2003: 429］は、同書の結びに際し、(官製)「大再編」に抗するためのヒントも示唆している。

「金融は所詮、社会の考え方を反映して形成されるものであり、日本の社会が金融に対してどのような役割を求めているのかはまだ迷走しているところがある。」

この一文は、直接的には「金融に英米流の創造的破壊機能を持たせるか否か」という論点を念頭に置いたものであるが、筆者には、論点を「中小規模の地域金融機関（コミュニティ・バンク）、あるいは協同組織金融機関の存続を政策的に支援することの可否」と置き換えても、正鵠を得ているように思われる。

米国においては、コミュニティ銀行に関しても、あるいは協同組織のクレジット・ユニオンに関しても、その業態としての存続を政策的に支援することに関し民意の支持は明確であり、銀行監督行政においてもそのような民意は看過できないものとなっている。本節においては、これらの様相に関し各々段を設けて述べ、わが国の信用金庫・信用組合業界の、民意そして政治過程への働きかけに関する提言へとつなげたい。

①米国における、コミュニティ銀行およびクレジット・ユニオンに関する民意の支持

「グローバル・スタンダード」の本家本元、すなわち市場経済原理（のみ）に依拠した国、とわが国で解されている米国であるが、筆者（および米国のコミュニティ金融の専門家の大多数）のみるところ、それはかなり視野の狭いとらえ方である。実のところ、コミュニティ銀行や協同組織のクレジット・ユニオンに対する政策的支援は、かなりの程度、市場経済原理とは

別の論理、価値観、心情に支えられてきたからである。

　「……もし平均的な有権者が強力な金融機関を嫌うならば、その他のすべての条件が等しい場合、政治はそれらを禁止するだろう。……ある利益集団が強力な金融機関を望んだとしても、小さな町の銀行家たちはそれを望まない。小さな町の銀行家たちは政治的闘争において、有利な立場に立っている。なぜならば、世論は彼らの側に立って、規制が緩かったならば生み出されたかもしれない金融構造を禁止する方向に作用するからである。」(Roe［1994: 24；邦訳: 30］)
　「コミュニティ銀行という業態は、各行の効率的運営と競争上の技量、および『市場（顧客）の好み（preference）』によって生き残るだろう。」（グリーンスパン FRB 議長［1996年当時；*American Banker*, 1996.3.6: 2］）

　詳しくは由里［2000］の第 4 章（『コミュニティ銀行』の存立基盤」）、および由里［2003b］の第 4 章（「地域社会リレーションシップ」）を参照されたいが、「コミュニティ」（社会的紐帯が豊かな地域社会——コミュニティ銀行もその一翼を担う）を重要と思う価値観や、上掲 Roe［1994］からの引用文にある「（地元行でない）大手金融機関に対する反感」は、現在に至るまで米国のコミュニティ銀行業界が政策的働きかけ（対連邦議会・州議会・銀行監督当局）を行う際の強力なバックボーンとなってきた。そして今なお 8,000 を数えるコミュニティ銀行の数の多さと各地の選挙区における影響力の強さも、連邦議会の議員などがコミュニティ銀行の主張を看過できない理由である。

株式会社組織が多いコミュニティ銀行に対し、米国のクレジット・ユニオン（直訳すれば「信用組合」であるが、わが国のそれとは異なり個人向け金融業務が主）は、「民の協働と金融的能力の向上（empowerment）」、あるいは「経済的民主主義」といった、やはり米国で政治的訴求力のある価値観を前面に掲げ（由里［2003c］）、8,500（2005年末）という組合数の多さ[3]も手伝って、コミュニティ銀行をしのぐほどの政策的働きかけを行ってきた（写真1）。

写真1　クレジット・ユニオン業界の政策的働きかけの一例

1998年2月25日 "AT&T Family Federal Credit Union" 訴訟の連邦最高裁判決（クレジット・ユニオンのメンバー要件を限定的に法解釈）を受け、約4千人の組合・業界役職者たちが連邦議会への陳情に押し掛けた、その様相。連邦議会はほぼ即座に反応し、1998年8月に成立した「クレジット・ユニオン会員資格法（Credit Union Membership Access Act）」によって、結局、メンバー要件は従前よりも格段に緩やかになった（*American Banker* [1998.8.10: 1&2]）。

出所：*American Banker*, [1998.2.27: 8]

　以上のような、コミュニティ銀行業界やクレジット・ユニオ

ン業界の働きかけは、通例「ロビー活動 (lobbying)」と呼ばれてきたものに他ならないが、大手企業のロビー活動と比べれば公開性が高く、草の根民主主義の本旨にも近い。そして何よりも、上述のようにコミュニティ銀行やクレジット・ユニオンの存在が国民の支持を得ているため、それら業界のロビー活動は、メディアにも一般市民にも概して好意的にとらえられているようである。

②監督当局も看過しえないコミュニティ銀行およびクレジット・ユニオンの存在意義

　米国では銀行監督当局においてもまた、コミュニティ銀行やクレジット・ユニオンを、コミュニティやメンバーにとって重要な金融組織として尊重する気風がある。このことは何も、業況悪化やコンプライアンス違反を大目に見るということではなく、正しい経営姿勢・体制を有し、コミュニティやメンバーにとって有用な実績を上げてきたコミュニティ銀行やクレジット・ユニオンを、たとえば米銀大手行に相対するのと同様の監督姿勢で扱う、という意味である。(間違っても、「弱小業態」として軽視したり、政策的に再編策を推し進めたりすることはない)。

　「中小金融機関に対する大再編政策の再来を憂う」という本論の主題との関係で、米国の銀行監督当局の業況悪化行に対する対応策に着目したい。わが国では、「1991年のFDIC（連邦預金保険公社）改革法以前は『問題先送り型』の銀行監督政策が、以降は『早期介入・是正型』の政策が採られてきた」という、米国での問題銀行への対処方法の非連続性を強調する理解

も見受けられ[4]、それはわが国の「金融検査マニュアル」およびそれによる強権的な措置を支持する考えにもつながった。

しかし実際には、FDIC［1997］の第12章（「銀行検査と監督措置」）が詳述しているように、FDIC改革法以前にも、FDICが銀行破綻以前に積極的に経営介入を行った事例は多かったし、同法以降も、存続可能性のある銀行を破綻・被吸収合併にあえて追い込むことがないよう配慮はなされてきた（表1）。

表1　FDIC監督下の問題商業銀行の数の推移とそれら銀行の帰趨

問題銀行になった年	問題銀行の総数	結局破綻した銀行	結局破綻しなかった銀行	
			独立して存続	他行傘下入又は被合併
1980	75	24	11	40
1981	96	30	14	52
1982	213	71	35	107
1983	242	54	51	137
1984	300	88	72	140
1985	423	117	132	174
1986	399	98	146	155
1987	263	64	83	116
1988	179	31	76	72
1989	151	32	66	53
1990	158	34	62	62
1991	178	14	96	68
1992	92	4	56	32
1993	33	1	23	9
1994	24	0	17	7
合　計	2,826	662	940	1,224

出典：FDIC［1997：45］
注：本表は問題銀行になった年を基準に作成されている。すなわち、たとえば1980年には75の銀行が「問題銀行」［CAMEL格付が4または5］となり、その後それら銀行のうち24行が破綻した、というふうに解読する。

筆者は、2002年に米国アラバマ州のサムフォード大学で

1993年以来開設されているコミュニティ銀行研修所を訪ね、同研修所が開発し教材に用いているケーススタディを入手するとともに、実際にケースを用いた授業をいくつか拝聴した。そこで用いられたケースの一つが「マーチャント・カウンティ銀行の危機」（Crisis at Merchant County Bank）という、あるコミュニティ銀行（仮名だが実話）の経営悪化時における、銀行および監督当局 FDIC の対応を描いたものであった。

詳しくは由里［2003a］に訳出したケースおよび筆者の解説を参照されたいが、同ケースからは、監督当局 FDIC の、当該銀行の破綻や営業譲渡により影響を受ける地域社会、特に与信先中小企業と同行とのリレーションシップに対する配慮、そして FDIC が「この地域がコミュニティ銀行を失わずに済むのならばそれに越したことはない」と考えていることが見てとれる。

そのコミュニティ銀行としての存続の可能性を保つため、FDIC は同行に時間的猶予を与えてもいる。停止命令（cease and desist order）が発出されたのは 1989 年 11 月であり、最も難題と思われる自己資本比率（対総資産）の大幅な向上（4.5％から 6.0％以上へ）の期限は 1990 年 12 月末に設定されていた。この 1 年余という期間は、「対象金融機関に存続のための自助努力が現実的に可能な猶予期間を与える」という停止命令の趣旨（すなわち破綻や被吸収合併に追い込むことが趣旨ではない）に由来する。（コミュニティ銀行研修所のヴェナブル所長によると、1991 年の FDIC 改革法以降も、この趣旨は監督実務上認識されているという）。

以上のような、「各コミュニティにとって重要な金融組織であるコミュニティ銀行の存続を、当該行の自助努力を条件に、

なるべく支援する」という監督当局のスタンスが、結果として、前掲表1が示すような「独立して存続」する率の高さ（1990年以降の通算では5割を上回る）に結びついているのであろう。

3 「コミュニティ・バンク」を支持する明確な「民意」の取り付けを

　前節の②で紹介した、米銀監督当局FDICのコミュニティ銀行に対する監督スタンスと比べ、わが国の現在の金融監督当局である金融庁の、信用金庫・信用組合に対する監督スタンスには、問題があるように思われる。2001年度後半に数十に及ぶ信用金庫・信用組合の破綻が見られたが、それら各金融機関ごとに、金融庁がFDICのように「存続可能性のある銀行を破綻・被吸収合併にあえて追い込むことがないよう配慮」を行ったのか、疑問がぬぐえない。そもそも改善猶予期間は当該信用金庫・信用組合ごとにケース・バイ・ケースで期限の設定がなされねばならないはずで、たまたま「ペイオフ部分解禁」（2002年4月1日）直前に集中して破綻や被吸収合併が起こることなど、ありうるのであろうか。

　将来に向けて、このような事態の繰り返しを防ぐ——すなわち「過去」を繰り返さない——有力な手だての一つは、信用金庫も信用組合も、業態草創期の、地域の自生的な運動体としての性格を取り戻し、草の根民主主義的に議会に業態存続・発展のための制度的手当てを働きかけ、同時に自業態に対する「民意」の明確な支持を取り付けていくことではなかろうか。

　前節でみたように、米国においては、コミュニティ銀行に関しても、あるいは協同組織のクレジット・ユニオンに関しても、

その業態としての存続を政策的に支援することに関し民意の支持は明確である。それに比すればわが国の民意は従前より不明確で、そもそも政策云々以前に、信用金庫や信用組合が銀行に比して一般市民の好感度を獲得できていない（たとえば橋本［2004］）。このことが、金融機関行政が政治過程ではなく所轄官庁に全面的に委ねられてしまう（上川［2005: 297］）要因の一つともなってきたのではなかろうか。

　ここで、前節に付した写真（152頁）を再度ご覧いただきたい。筆者はこの写真から、わが国の国会議事堂の前に、全国から協同組織金融機関の全業態——信金・信組、そして農協・労金も——の役職者が平和裡に結集し、さまざまなお国言葉でアピールしている様相を想起するのである。それら協同組織金融機関が常日頃、会員・顧客・地域に対する金融サービス、および、自組織・自業態の存在意義を伝える活動を十全に行っているなら、メディアにその映像が流れた際、国民の好感を獲得しないではおかないのでなかろうか。

　このような働きかけは、数が少なく、そしてそもそも運動体ではなく不特定地域の株主のための営利企業たる大手銀行、いや地方銀行にも、決してできまい（もしやったとしてもさほど好感は持たれまい）。

　市場経済原理が吹きすさぶ米国で、コミュニティ銀行やクレジット・ユニオンが制度的基盤を確保できているのは、市場経済原理よりも古く、実のところ一層支持を得ている米国の伝統である、草の根民主主義とコミュニティにおける結社（association）・協働の自由（下掲の引用文参照）を実践しているからである。わが国の信用金庫・信用組合も、海の向こうの

同志たちの元気な姿と志から、学び、そして励ましを得てほしいと願う。

「トクヴィル〔引用者注：Tocqueville [1945]〕を読んだことがありますか。彼の議論のポイントのひとつは、1831年当時の米国人がいろいろな団体を組織して結び付いていたということでした。あらゆる団体がありました。それが米国を機能させてきたし、米国をユニークなものにもしてきました。我々のセーフティネットは実に政府ではなく、われわれ自身だったのです。」

(ニューヨークタイムズ [1996: 146])

[註]

1) 金融庁は、1990年代から2000年代初頭にかけての金融破綻事例に関する委託報告書の公表は行なっている (http://www.fsa.go.jp/news/18/20070330-5.html)。しかしそれら報告書は金融庁の見解とはいえず、また、そもそも破綻事例の数は再編事例の数よりはるかに少ない。
2) 米国の連邦預金保険公社 (FDIC) のウェブページ中の *FDIC Statistics on Banking* (http://www.fdic.gov/SDI/SOB/) 所載 (PDF形式) の2005年版年次統計によれば、通例「コミュニティ銀行」と呼び慣わされる総資産10億ドル未満の小銀行(商業銀行および貯蓄金融機関)は、2005年末時点で8,002行存在する（米銀 [FDIC加盟] 総数は8,832行）。2006年版の同データは本稿執筆時点では得られないが、*FDIC Quarterly Banking Profile* (www.fdic.gov/qbp/index.asp) 所載 (PDF形式) の *Statistics at a Glance* によれば、2006年末時点の米銀 [同] 総数は8,681行（前年比151行減）であるので、その時点でもコミュニティ銀行の総数を

「約 8,000 行」と称して差し支えないものと考える。
3) 米国クレジット・ユニオン監督局（NCUA）のウェブページ中の *2006 NCUA Credit Union Directory*（http://www.ncua.gov/data/directory/cudir.html）所載（ASCII Text 形式）のクレジット・ユニオン一覧データによれば、2005 年末時点でクレジット・ユニオンの総数は 8,554 組合である。「コミュニティ銀行」の基準（注 2 参照）にならい総資産 10 億ドル未満に限っても 8,433 組合ある。それらのなかには職域・業域型も多いものの、実質的にコミュニティ銀行的な役割を果たしている組合も数千組合存在するものと推量される（なお、公式データからはクレジット・ユニオンの実質的な種別は分かりにくい［詳しくは由里［2003c］参照］）。
4) たとえば、日経金融新聞 1995 年 9 月 19 日の「金融は大丈夫か──第 4 部当局の憂うつ」と題した記事。

[参考文献]

朝倉孝吉［1988］『新編日本金融史』、日本経済評論社
上川龍之進［2005］『経済政策の政治学──90 年代経済危機をもたらした『制度配置』の解明』、東洋経済新報社
後藤新一［1981］『昭和期銀行合同史──一県一行主義の成立』金融財政事情研究会。
寺西重郎［2003］『日本の経済システム』岩波書店。
西村吉正［2003］『日本の金融制度改革』東洋経済新報社。
ニューヨークタイムズ（編）［1996］『ダウンサイジング・オブ・アメリカ──大量失業に引き裂かれる社会』矢作 弘 訳、日本経済新聞社。
橋本之克［2004］「信用組合の広報・ＰＲを考える」『信用組合』2004 年 3 月、41-48 頁。
由里宗之［2000］『米国のコミュニティ銀行──銀行再編下で存続する小銀行』ミネルヴァ書房。
─────［2003a］「サムフォード大学コミュニティ銀行研修所のケース・メソッドにみる米国のコミュニティ銀行の経営課題」『中京商学論叢』

第49巻2号、2003年3月、83-167頁。

――――［2003b］『リレーションシップ・バンキング入門』、金融財政事情研究会。

――――［2003c］「米国の地域型クレジット・ユニオンにみる個人向けに特化した『コミュニティ・バンキング』のあり方」『調査季報（国民生活金融公庫）』第66号、2003年8月、1-29頁。

横山憲長［1997］「小地主経営の展開と農村金融――地主銀行と産業組合の対抗」『土地制度史学』第154号、1997年1月、1-16頁。

Federal Deposit Insurance Corporation [FDIC] [1997] *History of the Eighties-Lessons for the Future, Volume 1: An Examination of the Banking Crises of the 1980s and Early 1990s*, FDIC, Washington, D.C..

Roe, Mark J. [1994] *Strong Managers, Weak Owners: the political roots of American corporate finance*, Princeton University Press, Princeton.（北條裕雄及び松尾順介監訳［1996］『アメリカの企業統治』東洋経済新報社。

Santayana, George [1962 (1905)] *Reason in Common Sense* (volume one of *The Life of Reason*), Collier Books, New York.

Tocqueville, Alexis de [1945 (1835-1840)] *Democracy in America*, Vol. I & II, Vintage Books, New York.（井伊玄太郎訳［1972-87］『アメリカの民主主義』全3巻、講談社。

Yuri, Muneyuki [2000], "Japanese Regional Banks' Strategy toward Mutual Funds: based on the experiences of U.S. regional banks," ABA Stonier Thesis Series (pub. #ST99-4), Center for Banking Information, American Bankers Association, Washington, D.C..

III 中小企業にとっての協同組織金融機関

1 事業目的ゆえの協同組織

平山　惠三
(エル経済研究所所長)

はじめに

　信用金庫が協同組織によっているのは信用金庫という事業の目的ゆえであるということはできる。また、信用金庫を見る場合も、その経営に際しても、この事業の目的についての認識は大事である。しかし、その目的は何かということになると、これが意外に難しい。見解も分かれるのではないだろうか。

　そこで、本稿では、信用金庫という仕組みがどのような目的に適うものとして歴史的に形成されてきたのかを省みて、目的認識の一助に供したいと思う。

1　草創期・品川弥二郎の演説ならびに共著から

　1891年に、内務省(内務大臣・品川弥二郎)は貴族院に「信用組合法案」を提出した。法案は、議会が解散されたために、成立を見なかったが、このような法案が、品川らによって何ゆえに急がれたのかが、このときの品川の提出理由の議会演説にはよく出ている。演説の内容は、1899年刊行の平田東助著『産業組合要義』(家の光協会［1970］『協同組合の名著』第一巻所収、平田東助［1899］『産業組合要義』)などに載っている。

　演説中で、信用組合という仕組み(のための法案)の目的を、

「茲に政府の提出いたしました信用組合法案と申しするものは、即ち此の中産以下の人民のために金融の便を開いて低利に資本を使用することを得せしめ、兼て勤倹、自助の精神を興し、以って地方の実力を養成せんとするの目的でござりまする」と、簡潔に三点にまとめている。

第一点は、「中産以下人民のため」に金融の便を開き、中産以下人民の資金調達を容易にすることである。演説中の「資本」は現今の言葉で言えば「資金」と解せられる。

第二点は、「勤倹、自助の精神を興」すことであり、この裏には、協同組織である信用組合は中産以下人民の勤倹、自助の精神を興す仕組みであるという見解がある。

第三点は、「地方の実力の養成」である。「地方」は中央に対する地方であり、目的はその経済的実力の養成ということになるが、「実力」は、つまるところは、「地方の土台となる中産以下人民の産業」を意味するのである。

それで、なぜ、このような目的の法案を提出したのかであるが、演説では、これについて二点を読み取ることができる。

第一点は、地所抵当の負債が嵩んできていること、小額地所売買登記の多い実情などをあげ、「中産以下の人民がその産を破り、また、その業を失う……失いますことが此勢で止みませざったならば」と、まさに耐えがたきに至らんとする国情への対策、言い換えれば賢明な社会政策が緊要であるとの認識であった。

第二点は、1889年に市制町村制が施行されて間もないときの内務大臣としてといってよいのではないかと思うが、「中央集権の弊害を除き地方の独立を重んじ、その福利を増進」する

ための「地方自治」の実効を、前記「地方の実力の養成」によらざるべからずとみて、これを信用組合の仕組みに大いに期待したのだろうと思う。

つぎに、この演説から5年後の1896年に刊行された、品川と平田東助の共著『信用組合提要』（家の光協会［1970］『協同組合の名著』第一巻所収、品川弥二郎・平田東助共著［1896］『信用組合提要』）では、信用組合の目的について、「信用組合は組合員のために貯金の預け所となり、又、営業上に要する資本の貸付所となるを以て其の目的となす」としているが、この目的は「事業そのもの」に近いいわば狭義の目的であり、後述する佐藤寛次の「組合行動の範囲」でもある。

『信用組合提要』では、信用組合組織（協同組織）の大要を示してから、それによる「効益」または「利益」として次の四点を挙げている。すなわち、

> 「第一には、中産以下の経済社会に信用を発達せしめ、低利の資本を容易に利用せしむるの利益あり」
> 「第二には、人民に節倹、貯蓄の美風を起さしむるの利益あり」
> 「第三には、人の徳義心を涵養するの利益あり」
> 「第四には、自助、自治の精神を養成するの利益あり」

とあり、第一の「利益」は、品川演説が目的としたうちの第一点と共通しており、第二、第三、第四は品川の第二点を分解、詳説したものといえる。そして、第四の利益の解説では「信用組合は……中産以下の人民相結合し毫も他の恩恵に頼らず、全

く其の自力を以て之を設立し、共同の金融機関として自ら営業し経理するものなれば、自助、自治の精神は期せずしてその中に養成せられ」と述べられている。

ところで、ここには、品川が演説で挙げていた目的の第三点すなわち「地方の実力の養成」への言及がない。しかしながら、それに代わるかのように、次の間接の利益が特記されている。

すなわち、以上四つの利益は「直接に生ずる利益の顕著なるものを掲げた」のであるとし、「……間接の利益に至りては、貧富懸隔の弊を抑制して、富者をして貧者を凌圧(りょうあつ)せしめず、貧者をして富者を娟疾(けんしつ)せしめず、例えば小作人の地主に対する示威運動、工業役夫の製造主に対する同盟罷工(ひこう)等のごとき悪弊に関しては救済の効特に大なるべし」などと述べていて、社会政策的効果への期待が強かったことを示している。

信用組合組織（協同組織）の仕組みは、こうした効益・利益、言い換えれば、広義の目的に適う制度、政策として構想され、仕立てられたのである。

2　市街地信用組合分化期・佐藤寛次の『信用組合論』から

さて、信用組合法案にかわる「産業組合法」が1900年に成立し、1917年にはこの中にいわゆる「市街地信用組合」の制度がセットされる法改正が行われた。1912年からの産業組合中央会長期講習会での講義を基にした佐藤寛次の『信用組合論』は1918年に刊行されたが、佐藤はこの年から米、英、仏、独に留学し、1922年に帰国するとまもなく、この本の改訂版（家の光協会［1971］『協同組合の名著』第四巻所収、佐藤寛次

［1922］『信用組合論』改訂版）を出版した。改訂版は、農村での信用組合の設立と運営に、したがってまた、信用組合の無限責任にも力が入ってはいるが、当時とすれば、信用組合のオーソドックスにして完成度の高い教科書であったといえる。当時は、いわば第一次大戦バブルの崩壊で、銀行信用が収縮する中、ようやく各地で市街地信用組合の設立も企画され、あるいは促されるようになっていたので、関係者にはこの書は好都合であったろうと察せられる。

　この書の中で、信用組合の「目的」に関しては次のように述べているところがある。すなわち、第一編総論・第二章信用組合の概念・第一節総論の解説を締めるところで、「要するに、産業組合法第一条第一項第一号に『組合員に産業に必要なる資金を貸付し及び貯金の便宜を得せしむること』とあるのは、信用組合の目的を規定した法文である。故に信用組合は如何なるものなるかの問に答えんには、即ち、この条文を以てすればよい。さりながら法律の規定は組合行動の範囲であって、行動の性質までには及ばぬ。（中略）故に特に上記の如き定義を与えた訳である」と述べている。その定義は、第一節総論中で、「信用組合は産業組合の一つで、組合員にもっとも手軽な方法に依りて低利の資金を供給し、兼ねて組合員の勤勉を奨むるものである」とされていた。そうして、この定義には、これまでに見た広義の目的の一端が掲げられているといえるのである。

　しかしながら、信用組合の広義の目的に関するといえる佐藤の強調は、まずはこの本の冒頭、すなわち、第一編総論・第一章本邦信用組合の沿革のなかにある。

　「明治維新は、実に我が国に於ける変革中の最大なるものであ

る。之に依って泰西文明の潮は一時に流入し、農・商・工業も亦其の面目を一新し、天下万民の幸福を増進したことも実に偉大なものであった。然しながら翻って、具に維新以来の情勢を察すると、其の文明の恵沢は都鄙に対して公平なりとは言い得ぬ。社会的発達の状況も亦、健全を以て称し得べき限りではない」。これは、本文書き出しの文章である。3行ほどをパスして続けると「殊に中産以下の人々は、其の経済力を益々微弱ならしめ、生計の資を得んが為には、徳義をさえ顧みるに違なき者も尠くないのは、誠に嘆ずべき至りではないか」となる。

そして、「斯かる情勢の下に在る中産者をして、其の福利の増進、知徳の向上を為さしむる上に於て、最も大なる効果を奏すべきものは、抑も何者であるか」と問い、国の補助、助力も一方法だが、効果は一時的であり、「慈善は、いよいよ慈善の必要を増加こそすれ、慈善を不必要とするものではない」などとしてから、「天は自ら助くる者を助く。自治、自助の精神の欠如する処には永久の幸福はない。人間の努力はない。人間に精力がない。実力の発揮がない。実に自治、自助を旗幟とする産業組合の如くに効果の大なるものは、他に之を求むることは出来ぬ。信用組合は即ち産業組合中の一つであって、中小産者の自治、自営の機関として大使命を有することは、今更敢て蝶々する迄もないことである」と述べるのである。

つまり、佐藤は、信用組合のいわば広義の目的として、中小産者の福利の増進、知徳の向上、なかんずく中小産者の自治、自営による中小産者の福利の増進、知徳の向上を重視したのだろうと思えるのである。

なお、佐藤も、この9行後から4頁余りにわたって、前述品

川の議会演説を、文章を少しく整理して掲げている。

そして、この本の第一編・第二章・第四節の節タイトルは「資金の地方分散機関としての信用組合」である。佐藤は、ここで、資金などが中央に集中すること、中央と地方、とくに農村との間に金利の大きな開きがあることをあげてから、「信用組合はその本来の性質上資金の地方分散機関たるには甚だ適当なるものである。夫れ故に各国が、金融政策によりて地方および都会の駢進(へんしん)的発達を企図するに際しては、常に平民的金融機関たる信用組合を目標として、之を為すのである。又信用組合に依りてこそ、初めて小産者階級まで資金分散の効を全うし得るのである」と述べている。

ここでは、資金の地方分散が、信用組合の広義の目的とみなされているということができるだろう。品川の「地方の実力の養成」の金融版ということになるだろうか。

こうしてみると、佐藤の、信用組合が目指すものは、今日の言葉でいえば、自治、自営による資産規模間格差拡大の防止、地域間格差拡大の防止、ないしそれら格差の是正ということになる。

3　信用金庫成立期・青山保光の『信用金庫法の解説』から

産業組合法上のいわゆる市街地信用組合および都市部の信用組合の多くは、太平洋戦争のさなか1943年に制定された市街地信用組合法によることになり、戦後はこれが他の信用組合とともに1949年制定の中小企業等協同組合法による信用（協同）組合に一本化された。しかし、この一本化には無理があり、2

年後の1951年6月には信用金庫法の成立を見ることになったのである。

信用金庫法立案に参画していた、銀行局特殊金融課の青山保光の『信用金庫法の解説』（財団法人大蔵財務協会）は同年12月に刊行された。

この本には時の大蔵大臣池田勇人の序文がある。「最近中小企業の金融難が強く叫ばれているが、中小企業の日本経済に占める地位の重要性にかんがみ、それに対する金融措置は喫緊の要事である。私は最近銀行の中小金融に対する熱意の不足及び大口融資への偏向に対し警告を与えているのであるが、中小金融が一般の金融とことなる特殊性をもっていることにかんがみ、中小金融難打開のためにもっとも有効であり且つ必要な方法は、中小金融を専門に行う金融機関の育成強化に力めることであると考えられる。この意味において、去る第十国会において議員提出にかかる相互銀行法及び信用金庫法が成立したことは、私としても慶びに堪えない所である。（後略）」。

この序文に見られるように、信用金庫法の成立は、専ら切羽詰まっていた中小企業金融対策であった。本書本文の書き出しも、第一章信用金庫法の制定の第一節は「中小金融対策の概観」であり、その一は「日本経済における中小企業の問題」、二は「最近における中小金融対策」であった。

しかしながら、成立した信用金庫法は、「国民大衆のために金融の円滑を図り、その貯蓄の増強に資するため」（第1条）であった。中小企業も国民大衆のうちには違いないが、喫緊の課題を目的の語に用いて「中小企業のために金融の……」としなかったのは、中小企業等協同組合法との違いを鮮明にしよう

としたことなのだろうか、それとも、市街地信用組合などの実績を見て、中小企業に限定しないほうがかえって中小企業金融を強化できると見たからなのだろうか。

青山は、信用金庫法の特色を三つ挙げている。「第一は、信用金庫の法律上の性格にある」として、それは、協同組織であり、「信用金庫が信用協同組合と同じく非営利的組合組織であり、出資組織による人的結合体であることは明らかである」と述べつつ、「ただ一定の地域に基礎をおきその地域内の居住者、中小企業者及び勤労者を会員とする地縁的な協同組織であって、単に特定の事業者または勤労者のみを組合員とする同業者の結合という形の協同組織とは本質的にことなる点に注意しなければならない」と解説している。

なお、青山があげる第二の特色は「公共性のある金融機関としてその監督の適正を期するとともに信用の維持と預金者等の保護に遺憾なからしめていることである」。そして、信用協同組合より業務の範囲を広げたことが第三の特色とされた。

ともあれ、信用金庫法第1条は、「国民大衆のために金融の円滑を図り、その貯蓄の増強に資するために、協同組織による信用金庫の制度を確立し、……」としている。

信用金庫制度確立の結果は、これが高度経済成長期の中小企業金融の充実などに多大の足跡を残すことになった。そして、都市およびその郊外が多数の給与所得者家族の住居地になると、信用金庫は、多くの都市で、文字通り「国民大衆のため」の金融機関として、地域住民へのきめ細かな金融サービスに努め、住宅金融の充実などにも力を入れるようになった。ある人が言った。協同組織は信用金庫をそうしたサービスから離れさせな

い碇であると。

おわりに

　ごく最近の読売新聞社の「勤労観」に関する全国調査で、「給料の格差が広がる」と答えた人が74％、また、「自分や家族の仕事の現状や将来に不安を感じているか」の問に「感じている」という回答も72％に達したという（『読売新聞』［2007.5.30］）。

　国立社会保障・人口問題研究所は、秋田、和歌山、青森、島根県などの2020年の人口は昨年の国勢調査人口より十数％減少するなどとする、本年5月に推計の都道府県別将来推計人口を発表した。放置すれば、地方の過疎化と国土の荒廃は進む。

　間違いなく、状況は、「自治、自営による中小産者の福利の増進、知徳の向上」を不可避とするように、また、「地方の実力の養成」を不可避とするように回っている。

　そうすると、明治の人、大正の人が信用組合に託した社会的な経済問題打開への取り組みは、信用金庫の経営にも参考になる。

　地域への融資高、地域からの預金高とともに、地域経済社会の課題を見定めて、例えば、地域内での手堅い職業の創出、地域の人口増加または減少抑制などといったことをも、信用金庫経営の具体的な目標に取り込み、その方策を考究し、これに取り組み、その実績を評価するというような経営が求められるのではないだろうか。また、このために、地域の当事者、関係者とがっちり手を組むことが求められるのではないだろうか。

2 信用金庫制度の変遷と協同組織性

生澤　博
(協同金融研究会前事務局長)

はじめに

　内閣府の「規制改革・民間開放推進会議」(以下、推進会議と略す)の「規制改革・民間開放の推進に関する第三次答申」が 2006 年 12 月 25 日に公表されたことから、信用金庫・信用組合の協同組織性について論議を呼んでいる。

　推進会議の答申は、金融分野で「協同組織金融機関(信用金庫・信用組合)に関する法制の見直し」の一項目を設け、「協同組織金融機関(信用金庫・信用組合)の業務及び組織の在り方について、株式会社組織の金融機関とのバランスを考慮した、抜本的かつ総合的な視点からの見直しに向けた検討を開始する〔平成 19 年度検討開始〕」という。

　金融分野に対する推進会議の視点は「伝統的な間接金融から市場型間接金融へと軸足を移して、貯蓄から投資へという流れを促進」することにあると明言している(同答申 27 頁)。この流れは日本の中小企業にとって歓迎すべき方向ではない。というのは、中小企業にとって市場から資金を調達する道は狭く極めて困難であり、起債等により市場から直接資金を調達したくとも中小企業の必要とする小口資金ではコスト高となり、結局

銀行等からの借入に依存する間接金融が依然として主流だからである。

この答申を受けて金融庁では、政府機関である推進会議からボールを投げられた以上検討しない訳にはいかないが、金融審議会で取り上げるとしても準備の関係もあり、早くて2007年秋以降2008年にずれ込み年度末になるのではないか、と予測している。金融審で協同組織金融機関の制度問題が議論されるとなれば、1989年5月に大蔵省金融制度調査会（当時）が答申を出して以来となる。

1 小零細企業の資金調達は依然間接金融が主流

わが国の企業数を規模別に見ると（2004年現在）常用雇用者数300人以下の中小企業が99.7％を占め、そのうち小企業が87.1％で、大企業は0.3％に過ぎない。常用雇用者・従業者は79.4％が中小企業で働いており、出荷額の50.5％を支えている（『中小企業白書』2006年版［2006］付属統計資料による）。『中小企業白書』2005年版は「経済活性化には中小企業の生産性や競争力の強化、企業再生が欠かせない」と記している（『中小企業白書』2005年版［2005: 118］）。

中小企業の資金調達状況ついて、『中小企業白書』の2006年版に適切な記述がないので、2005年版によると「従業員規模が小さい企業ほど資金調達を借入に依存しており、自己資本が少ない」と結論付けている。2003年度の従業員規模別に見た企業の資金調達構造は、301人以上の大企業では自己資本の割合が36.1％で2002年度の33.9％から大きく増大し、借入れの

割合は 23.9％から 21.9％に低下している。以下企業規模が小さくなるにつれて借入金比重が高まり、最小の 20 人以下の企業は自己資本の割合が 22.4％（前年度 25.4％）に低下したのに対し借入金の割合は 55.7％（同 53.4％）に上っている（表 2）。2001 年度は資本 12.2％に対し借入金は 66.9％であった。中小企業では間接金融の重要性は変わらないのである。ところが金融機関借入の比重は前年より低下し、その他借入が増えている。金融機関が貸し渋り・貸し剥しにより貸出を減らした分、自己資本のウェイトが高まると共に、ノンバンク等からの借入に依存したことの現われと思われる。

表1　協同組織金融機関の現状

（2006年12月末、単位 億円、店、人）

	預金a	シェア	貸出金b	シェア	預貸率b/a	有価証券c	うち国債	預証率c/a	機関数	店舗数
信用金庫	1,118,838	14.90%	637,675	12.30%	56.99%	309,959	92,243	27.70%	292	7,753
信用組合	161,167	2.10%	93,947	1.80%	58.29%	30,773	7,148	19.09%	168	1,858
労働金庫	150,085	2.00%	100,312	1.90%	66.84%				13	683
農協（ＪＡ）	807,533	10.70%	210,270	4.00%	26.04%	45,968	17,508	5.69%	843	
国内銀行	5,286,670	70.30%	4,155,170	79.90%	78.60%	1,891,340	882,780	35.78%	139	
計	7,524,293	100.00%	5,197,374	100%	69.07%					

出典：日本銀行「金融経済統計月報」等により作成。

表2　企業の資金調達構造

（従業員規模別、2003年度、%）

従業員数	短期・金融機関借入金	短期・その他の借入金	長期・金融機関借入金	長期・その他の借入金	社債	受取手形割引残高	営業債務	その他	資本
1～20人	12.0(14.1)	10.9(8.2)	22.7(21.7)	10.1(9.4)	1.4(0.9)	0.2(0.2)	4.4(3.8)	16.0(16.3)	22.4(25.4)
21～100人	12.6(17.2)	6.3(6.8)	19.3(20.1)	5.8(6.3)	3.7(2.9)	0.6(0.6)	8.8(8.0)	16.0(16.6)	26.0(21.6)
101～300人	14.9(16.3)	2.9(2.9)	14.9(16.2)	3.0(2.4)	1.4(1.0)	0.8(1.0)	16.5(16.8)	15.2(15.1)	30.4(28.4)
301人～	8.2(9.6)	1.8(1.9)	10.8(11.3)	1.1(1.1)	8.2(0.2)	0.2(0.2)	12.8(12.7)	20.7(20.6)	36.1(33.9)

出典：『中小企業白書』2005年版より。
注：①各項目の比率は分母を負債＋資本＋割引手形残高として算出。
　　②営業債務（企業間信用）は支払手形＋買掛金、その他は引当金などの残高。
　　③（　）内は2002年度。

国内銀行（都市銀行、信託銀行、地方銀行、第二地銀の国内

勘定の合計）の中小企業向け貸出の推移を見たのが表3である。中小企業にとっては直接金融での資金調達の道は狭く、"別途の方法"としての協同組織金融機関の役割は依然として大きいのに、小泉政権成立後の2002年以降国内銀行と歩調を合わせて信用金庫も減少している。中小企業向け貸出に占める比重をみると国内銀行は、さらに大きく減少させている。貸出を減らした分当然保有有価証券が増えている。日銀の超緩和政策で無利息の資金が底なしに供給されたので、コストの掛かる預金を集める必要はないから預金も減少し続け預証率は上昇する。

　貸出が伸びない金融機関としては収益確保のための余資運用であり、止むを得ない当然の行為といえるかもしれないが、それで良いのか、との疑問が残る。特に信用金庫についてはその感が強い。2000年になってからの信用金庫と戦時中の1940年代の市街地信用組合の預金貸出の伸びと国債保有高の増加状況をグラフにしてみると、ほとんど同じ形を示しているのである（『生活協同組合研究』357号、13頁掲載の拙文「協同組織金融機関の現状と課題」の図1、図2参照）。

　1940年代には、戦時国債の消化促進の国策により「銀行、市街地信用組合、信用組合連合会、準市街地信用組合、農村信用組合が集まって金利協定が結ばれる。金利協定は預金金利が主たる内容で、国債消化という視点から国債金利水準への平準化が目標とされた」（全国信用金庫協会『信用金庫二十五年史』［1977: 65］）。この後敗戦で国債は紙屑同然となり、国債を売り付けた取引先に大損害を与えると同時に、大量に国債を保有していた組合は破綻状態に陥った。2000年代もゼロ金利政策により預金金利が人為的に超低金利に抑えられ資金は国債へと流

れた。日米の国債を購入することで財政赤字に悩む両政府を助け、イラク戦費を下支えしているとの批判もある。昔通った道の轍を踏むことにならないか心配である。

表3 国内銀行の企業規模別法人貸出金の推移

年末	中小企業	中堅企業	大企業	合計
2000	2,348,199	263,933	1,046,466	3,658,606
2001	2,172,439	240,521	1,007,761	3,420,728
2002	1,993,117	219,549	961,588	3,174,262
2003	1,823,307	186,782	879,116	2,889,212
2004	1,772,279	168,252	806,465	2,747,004
2005	1,764,883	157,431	777,182	2,699,503
2005÷2000	75.16%	59.65%	74.27%	73.79%
06・3月	1,805,250	148,074	743,233	2,699,514

出典：日本銀行『金融経済統計月報』より作成。
注：①大企業は資本金10億円以上かつ常用従業員300人（卸売業100人、サービス業・小売業・飲食店は50人）超の企業。
②中小企業は資本金3億円以下（但し卸売業は1億円以下、小売・サービス業は5000万円以下、またはサービス業は100人以下、小売業は50人以下）の企業。
③中堅企業は大企業、中小企業以外の起業。

2 協同組織金融機関制度の誕生

　日本における協同組織金融機関の原点は、1891年12月に品川弥二郎、平田東助が帝国議会に提案した信用組合法案にある。日本に初めて近代的な信用組合思想を導入した当時、日本は明治維新後の急速な富国強兵政策を進める一方で、産業の近代化を急いだ結果、社会的な矛盾が大きくなり、社会不安が創出された。その対策を調べるために欧米に派遣された二人が持ち帰ったのが相互扶助の精神に則った協同組合主義である。法案の提案理由に"国家統一をなし、世界経済の競争場裏に入るには、自由交通の大経済界に適すべき新秩序新組織を起こす必要"が

あるが、"その恩恵に浴すことのない中産以下の人民に経済的利便を供する"ものが信用組合制度だ、との趣旨を明記している（産業組合史刊行会『産業組合発達史』第1巻 ［1965: 173］）。

　この法案は廃案となったが、この精神を受け継いで1900年3月に産業組合法が制定される。この法律について、当時農商務省農務局農政課の職員として担当した柳田國男は1902年に『最新産業組合通解』を著し、「最小の産業者にして、銀行をも会社をも利用することあたわざる者に、別種の方面より生活改良の手段を得せしむるにある」と解説している（柳田國男［1991: 12］「最新産業組合通解」『全集』30、ちくま文庫所収）。そして「産業組合法」と「産業組合法施行細則その他の諸命令」は「故品川子爵の遺案と相反せざるもの」と記している（［同上書：20］）。

　信用金庫はこの産業組合法による信用組合として創設したのだが、購買や販売事業も統括する農村向けの色彩が強い産業組合法に対して、商工業者で組織する都市部の信用組合に不満が募り、市街地信用組合構想が生まれる。"単独法制定"の要求と"反産運動"が激化し、1931年産業組合法が改正され、員外預金の受入れを可能とした「市街地信用組合」制度の規定が設けられる。この時から協同組合の閉鎖性と金融機関としての開放性の二面性を色濃く持つことになる。さらに現行信用金庫法の原型とも言うべき市街地信用組合法が1943年制定された。しかし不幸にして戦時真っ最中であったために、この制度は庶民に貯蓄を奨励し、小零細資金の戦費調達手段に利用されてしまう。

　現在各種協同組合を統括する共通の単一の「協同組合法」の

必要を説く学者・研究者が少なからず居られるが、このような経緯があるので単一法の制定は逆に協同組織金融機関の分断論に拍車を掛けることになると、懸念される。

3　根強い信金分割株式会社化論

　第二次大戦後市街地信用組合は、中小企業等協同組合法による「信用協同組合」となるが、員外預金の受入れも可能という開放性を享受した組合が、それを否定され閉鎖性の強い旧に復することには無理があった。当初から新制度の創設の要求があり、株式会社の銀行化論も多くの案がかなり実現性の高い確率で議論された。閉鎖性の強い信用組合はともかく員外預金を認める制度はアメリカに存在せず、GHQがなかなか理解できなかったことも難航の大きな要因であった。1951年「信用金庫法」が制定され、当時の信用組合のほとんどが信用金庫への転換を選び、改組期限満了日の1953年6月14日までに561組合が改組した。期限までに転換しなかった組合は、信用金庫になれない職域、業域組合等を含め73組合（地域38、特殊31、労働4）だけであった。

　員外預金を受入れても、協同組織の精神は信用金庫も受け継いでいるはずである。信用金庫法第1条は「国民大衆のために金融の円滑を図り、その貯蓄の増強に資するため、協同組織による信用金庫の制度」と株式会社ではなく協同組織による金融機関であることを明記している。

　利潤を追求する株式会社では、経済的弱者に対し十分に面倒を見ることは不可能である。そこで相互扶助による協同組織を

活用しようというのが先人たちの狙いであり、実際にそのようにして効果を発揮してきたのだ。

1957年以降は、1968年に制定された「金融機関の合併転換法」による信用組合からの転換以外は新設も認められなくなり、金庫数は合併や事業譲渡等により一貫して減少したが、預金貸出金の量は高水準で増大し続け、金融市場での比重を高め、金融政策上無視できない存在となり、銀行行政の枠組みの中に取り込まれることになった。ちなみに合併転換法制定時の信用金庫数は523金庫（店舗数3,459店）、信用組合数は538組合（同1,846店）であった。

ところが、一方で信用金庫を株式会社化しようとする動きがことある毎に蠢動している。戦後の新制度検討時も株式会社の中小銀行案が浮上したが、合併転換法および新中小企業金融制度等の二法が制定される直前の金融制度調査会の審議過程でも、信用金庫制度を廃止し株式会社の中小銀行を創設する法案が決定直前まで検討された。

1967年2月に大蔵省・金融制度調査会（当時）の審議過程で公表された「中小金融制度の骨組み」の滝口吉亮大蔵省金融制度調査官試案、金融制度調査会委員の末松玄六名古屋大学教授私案である。滝口試案は、金融機関の同質化を踏まえ、中小企業金融の専門金融機関を協同組合組織と株式会社組織の二種類に分け、（イ）協同組合組織の金融機関は、相互扶助を目的とする非営利的な人的結合体とし、構成員を限られた地域内の中小企業基本法に定める中小企業に限定し、かつ事業対象を構成員に限定して預金貸出とも員外取引を認めない。（ロ）株式会社組織の専門金融機関は、営業対象を中小企業とし専門性を

義務付けるが、専門性を損なわない範囲で中小企業以外との取引も認める。この案は相互銀行、今の第二地銀に取り入れたが、結局中小企業という専門性は薄れることとなった。

末松私案はもっと徹底していた。「中小企業銀行法」を制定し、相互銀行、信用金庫を株式組織に一本化する。信用金庫は協同組織から離脱する。信用組合は協同組織として存続する、という内容である。

これに対し金融制度調査会委員の川口弘中央大学教授私案は、わが国経済の二重構造、金融の二重構造を前提に協同組織金融機関の必要性、合理性を主張し信用金庫制度の廃止に反対した。その要点は「協同組織の本来の理念と、営利事業としての金融機関活動とはもともと矛盾を胎むものであり、その結果、現在の信用金庫等において必ずしも本来の相互扶助的協同組合精神が色濃く残っているとは見えないが、しかし、中小企業に資格を限定された会員組織と、員外貸出禁止規定とが、中小企業、とりわけ比較的零細企業を含めた分野への定着を保証する有効な手段となっていると思われる。したがって、零細企業分野への定着手段としても、協同組織機関を存続させることが望ましい」と主張した（『週刊　金融財政事情』[1967.2.27: 28-41]）。

滝口、末松の二案は信用金庫制度の存続を否定するものであった。このため信用金庫界の猛反発を受け、全国信用金庫協会の小原鐵五郎会長（当時）も「信用金庫抹殺論には断固反対する」と激怒し、業界上げて反対運動が展開され、川口案支持で論戦を展開し、調査会の意向を覆し二案は葬り去られることになった。

この議論の後「金融機関の合併及び転換に関する法律」（合

併転換法)が制定され、協同組織から株式会社の普通銀行へ転換する道が開かれ、信用金庫から八千代銀行、信用組合から長野銀行への転換が行われた。しかし、転換したこの 2 行に追随し、協同組織から株式会社へ転換する金融機関は現れていない。信用金庫経営者の多くは、普銀転換の魅力は乏しいとみており、「銀行化して機能拡充を望むならば転換法で転換すればよい、信用金庫法をいじる必要はない」、と冷ややかだ。

今回の推進会議の答申が出る前日に日本経済新聞が答申の内容を予報する形で、滝口試案とほぼ同内容の案を載せている(『日本経済新聞』[2006.12.24 朝刊])。自民党金融部会では株式会社の中小企業銀行案が論議されているといわれており、そうした勢力からのリークによる意識的な誤報の感がある。金融庁協同組織金融室の中井室長は「日経新聞の報道にあるような分断論は、いわば資本の論理」「そういう世の中の風潮がある。そういう意見がああいう予想記事になる」と指摘している(協同金融研究会発行『ニュースレター協同金融』[2007. No.72])。

なぜ株式会社にこだわるのか。それは協同組合では大資本による少数者支配が不可能だからで、株式会社ならそれが可能だし、必要となればM&Aもできる。外資の導入もやりやすい。外資は日本の金融に進出したがっており、過去の破綻事例を見ても、東京スター銀行に見るように外国の投資ファンドによる買収が多くなっている。

大衆に密着している信用金庫は彼らにとってリテール業務を推進するツールとして魅力いっぱいのはずである。信用金庫側にとっては、債券等による資金調達もできるようになるだろうが、それだけ経営の危険性も高まる。株式会社ではリスクの高

い中小企業金融など敬遠されるし、信用金庫の独自性も失われることになる。

4　会員制度の重要性を認識せよ

　金融機関の貸し渋り・貸し剥がしによって中小企業が苦しんでいることは、既に周知のことである。問題は信用金庫が都市銀行や地方銀行を上回る落ち込みとなっていることである。かつて信用金庫は、"雨が降ると傘を取り上げる"といわれた都市銀行が手を引いた後をこまめに面倒見て成長してきた。それを可能にしてきたのが、会員制度によるパートナーシップ取引である。それが貸出を減らしているようでは、「中小企業の金融の円滑を図る」という存立の目的も果たせず、社会的存在意義も失うことになる。

　信用金庫は限られた地域を営業エリアとする地域金融機関であり、そのエリア内の中小企業や勤労者など『国民大衆のための』金融機関である。この地域性、大衆性、中小金融機関性を保証するのが会員制度である。信用金庫法第10条から第12条で信用金庫の会員について厳しく定められている。

　第10条では、「会員たる資格」を有する者は①地区内に住所又は居所又は事業所を有する個人や法人で、②常時使用する従業員数が300人以下で、かつその資本金額又は出資の総額が政令で定める金額（現在は9億円）以下の者、③地区内に勤務する者、と定められている。要するに地区内にいる者なら個人でも法人でも会員になれるが、大企業は排除すると、地域性と中小金融機関性を規定している。

第11条は出資の定めである。会員は1口以上の出資をし、責任は出資の額を限度とするが、1会員は総口数の1割を超えた口数を持ってはならない、と大口出資を禁じている。そして第12条で議決権は1会員1票と規定し大口出資者による少数者支配ができないようにしている。ここが1株1票で大口株主による少数者支配を可能とする株式会社と異なる重要な点である。

　会員大衆の利益を擁護するために、合併、事業譲渡、解散に関しても総会決定事項等と厳しく規制している（法第58条～64条）。たとえ破綻認定によるものであっても、預金保険法第80条は信用金庫法第58条を準用しているのであるから、原則はあくまでも総会の決議事項である。総会で破綻原因等を詳らかにし、会員の理解を得て処理した方がスムーズに進むはずである。これは会員制度が信用金庫制度の根幹だからである。

　しかし最近の合併決議等は形骸化されているのが実情で、会員の権利が正しく守られているのか危惧せざるをえない。最近の事業譲渡や合併、解散事例の生じた地域で、その後中小企業や住民によって新しい信用金庫又は信用組合を設立できないか模索する動きがみられるのは、その表れといえよう。

　特に小泉政権下で成立した金融再生法の第22条2項で、金融庁が破綻と認定した信用金庫に対し、裁判所の許可を得れば会員総会（総代会）の手続きを経ずして解散、合併等の処分ができることになった。この方法で処分されたのが船橋信金の東京東信金への吸収合併であり、大阪の相互信金の処理である。船橋信金の場合、千葉県知事や関係七市市長をはじめとする地元の強い存続要望を無視して、東京の信用金庫に強制的に合併

させたことは、たとえ緊急避難といえ、協同組織の自主性・地域性を踏みにじった問題の多い暴挙といわざるを得ない。

3 相互扶助精神と
企業家精神の再興と連携

——中小企業家の信用金庫・信用組合への期待——

瓜田　靖
(中小企業家同友会全国協議会政策局長)

はじめに

　私たち中小企業家同友会全国協議会(以下、中同協と略記、ホームページ http://www.doyu.jp)は、全国4万名の会員で構成している中小企業経営者の個人加盟の組織である。「良い会社をつくろう」「良い経営者になろう」「良い経営環境をつくろう」という三つの目的を掲げ、企業の発展と中小企業の地位向上をめざして日々研鑽している。私たちは、企業経営の自助努力を前提として金融問題などでも中小企業経営の立場から政策と要望・提言を発信し、実現のために行動してきた。

　1997年以降、中小企業は金融機関による「貸し渋り」「貸しはがし」を経験(当時の当会アンケートによれば、5社に1社、大都市部では4社に1社が経験)し、私たちは行政の適切な対応を求めるとともに、金融機関との信頼関係づくりでも多くの教訓を得た。この取り組みの中で、金融問題の解決とともに、地域と中小企業を活性化させる有効な手段として「金融アセスメント法」の法制化を2001年から提唱するに至ったのである。

　その後、今日に至るも金融アセスメント法は制定されていな

いが、金融行政の一定の変化や地域金融機関との信頼関係づくりなど多くの成果を得ている。しかし、この運動に取り組む中で、①金融政策の転換だけでは不十分であり、中小企業を経済政策の一つの柱に据える国政の転換が必要なこと、②金融アセスメント法が制定に至っていない背景には国政や行政レベルでの中小企業への認識や位置づけが不十分であり、中小企業に対する国民的認識の刷新が必要なこと、などの認識に至り、2003年から「中小企業憲章」制定運動（詳しくは、http://www.doyu.jp/kensyou/）に金融アセスメント法制定運動と並行して取り組んでいる。

　本文では、協同組織金融機関の必要性をこの間の中小企業家の体験も踏まえ、再確認したい。また、金融アセスメント法の狙いが地域金融機関とともに育ち合う関係をめざしていることをご理解いただくとともに、協同組織金融機関への期待を述べさせていただく。

1　「裾野金融」論を受け継ぎ、中小企業憲章の「裾野経済」論へ

　本書の出版のきっかけとなった「規制改革・民間開放推進会議第三次答申」では、「協同組織金融機関（信用金庫・信用組合）が果たすべき今日的な役割を踏まえ、その業務及び組織の在り方につき、総合的な視点から見直しを検討する必要があると考えられる」とし、2007年度に検討を開始するとしている。この背景をより刺激的に『日本経済新聞』［2006.12.24］が報道した。「金融庁は信用金庫と信用組合の業務形態を抜本的に見直す方針を固めた。営業地域や貸出先について原則として規制

をかけない『地方銀行型の信金・信組』と、従来通り地元の中小・零細企業を主な取引先とする『地元密着型』に再編する方向で検討する」というものである。

　これと似た議論はこれまでも検討され、決着してきた。詳細は他論文にゆずるが、1966年から1967年まで1年半にわたり、金融制度調査会で中小企業金融制度問題が審議答申された件が一つの判例的判断を示している。ここでは、川口委員（中央大学教授）と末松委員（名古屋大学教授）、大蔵省銀行局金融制度調査官（滝口試案）の「三私案・試案」が提出された。川口私案が金融の二重構造の実証分析から地域密着の信用金庫の必要性を強調している一方、末松私案・滝口試案は信用金庫の役割の終焉を指摘していたが、最終的には信用金庫の必要性が認められ、1968年に「金融二法」が成立している。

　この際、信用金庫界の歴史的リーダーである小原鐵五郎氏は、「信用金庫は中小企業の金融機関だ。株式組織にすれば、大企業中心になってしまう」「富士山の秀麗な姿には誰しも目を奪われるが、白雪に覆われた気高い頂は、大きな裾野を引いた稜線があってこそそびえる。日本の経済もそれと同じで、大企業を富士の頂としたら、それを支える中小企業の広大な裾野があってこそ成り立つ。その大切な中小企業を支援するのが信用金庫であり、その役割は大きく、使命は重い」と論陣を張った。有名な「裾野金融」論で「小原鐵学」と称されるものだが、今日でも十分有効な考え方であり、必要な見識である。

　この「小原鐵学」の伝統は金融界のみならず、中小企業家・中小企業運動の中にも脈々と受け継がれている。先に述べたように私たち中小企業家同友会（以下、同友会）は、中小企業を

国民経済の豊かで健全な発展を質的に担っていく中核的存在として位置づけ、中小企業重視へ国家戦略を抜本的に転換する「中小企業憲章」を制定することを主張し、制定運動に取り組んでいる。この中小企業憲章制定運動では、中小企業の位置づけと役割、使命を自らの言葉で語り、学び合っているが、その際「小原鐵学」と同様の発想が見られるのが興味深い。例えば、宮城県中小企業家同友会の佐藤元一代表理事は、「富士山が雄大で美しいのは裾野が磐石だからです。事業者数の99％以上、就業労働者数の80％以上を占める中小企業が、日本経済の裾野です。日本経済が富士山のように裾野を広げて磐石になるためには、中小企業に働くわれわれがプライドと使命感を持って働き、元気になることが必要です。そのためには、中小企業憲章制定運動を通して、われわれ中小企業を地域の皆さんに正しく認識してもらい、地域のあるべき姿を共に語り合い、地域経済の再生に地域の皆さんと共に力を合わせていくことだと考えます」(中同協発行『中小企業家しんぶん』[2005.5.15])と発言している。この「裾野経済」を磐石にするうえで、最も頼りになる存在が協同組織金融機関である。

「裾野金融」「裾野経済」論を裏付ける理論研究も登場している。米国のある研究グループの次のような興味深い調査である。1993年から2000年の49か国(21の先進国、28の途上国)のデータを使い、①小銀行のシェアの高い国では、経済成長率が高いこと、②小銀行の効率性が高い国の方が、経済成長率が高いこと、などを明らかにしている。目利き能力が高く中小企業を支援できる小銀行が活躍している経済では、中小企業が活躍でき、経済活力が高まると解釈されている。この分析結果では、

先進国においては、小銀行（資産10億ドル以下）のシェアが10％ポイント高まると、GDP成長率が0.5％ポイント上昇し、途上国においては、小銀行（資産1億ドル以下）のシェアが10％ポイント高まるとGDP成長率が1〜2％ポイント上昇するとしている（日本政策投資銀行『PRレビュー』［2005.8］）。

2　地域内発型金融と協同性の再評価

2006年には金融界で世界的にエポックな出来事があった。バングラデシュの「グラミン銀行」とムハマド・ユヌス総裁が「マイクロクレジット事業」の推進により、ノーベル平和賞を受賞したことである。全国信用金庫協会の大前孝治会長は、「構造改革・規制緩和の進展にともない、協同組織金融機関の存在意義等について改めて光が当たる中で、このような相互扶助精神に基づく金融を通じた社会貢献・地域貢献活動が世界的に高い評価を受けたことは、時代や地域が異なるものの、大きな励みとなるものであります」（平成19年「年頭所感」より）と感慨を表明しているが、大いに共感できる。

近年、市場万能主義への反省から、金融に限らず地域経済の再生や社会制度改革などにおいて相互扶助精神や協同性を重視しようという流れも再び強まりつつある。ユヌス氏のノーベル平和賞の受賞もそのような機運が背景にあると考える。

また、2007年5月からの「三角合併」の解禁を機に、外資系企業やファンドによる日本企業の買収攻勢が本格化するとも言われているが、もし協同組織金融機関が株式会社化するとすれば、TOB（株式公開買い付け）など乗っ取りのリスクにも直

面することが現実になる。株式を発行していない協同組織金融機関は大資本による乗っ取りが不可能であるという意味では安定的な経営が可能であり、相互扶助精神に基づく金融を通じた社会貢献や地域コミュニティの再生という社会的役割などから協同組織金融機関の再評価が進むとすれば、株式会社化で「普通の銀行」になることが協同組織金融機関にとってどのような積極的な意味があるのだろうか。

　私たちが望むのは、地域密着、顧客密着の営業姿勢が確立され、中小企業の多様性に配慮した相対(あいたい)取引とサービスのできる金融機関であり、一時的な企業業績に左右されず、継続的に資金供給をし、「地域を育む」ことを使命と考える金融機関である。このような金融機関像に最も近い位置にあるのが協同組織金融機関であり、中小企業の地域で最も頼りになるパートナーになり得る可能性があると考えている。

3　中小企業家の「貸し渋り・貸しはがし」経験の結論
──信金との連携と金融アセスメント法

　1990年代後半に経験した金融危機の流れを金融機関の「貸し渋り・貸しはがし」に対抗する中小企業家の運動の側から再現すると以下のようになる。

　大都市部の同友会で銀行の対応がおかしくなったと囁かれるようになったのは1997年の春ごろ。東京や大阪などの同友会の政策委員会で話し合われ、中小企業が直面している金融困難を社会的に問題提起しようということになる。東京同友会では特別プロジェクトを組織して企画を進め、1997年10月1日に「どうなってるの銀行？」というテーマを掲げて集会を開催し

た。パネルディスカッション方式で金融行政と銀行の変化を明らかにし、企業としての対応策を提起したこの集会が「貸し渋り・貸しはがし」に対抗する中小企業運動の嚆矢となった。

その後、金融情勢はますます厳しくなり、北海道拓殖銀行の倒産をはじめ地銀や信金・信組も破綻・合併が続き、「貸し渋り」など金融機関の対応もさらに厳しくなった。そこで、1998年10月1日には、「中小企業救出大作戦」と銘打ってオリジナルの芝居とパネルディスカッションの二部構成の第二弾の集会を実施。ここでは、「銀行がなくなる日」という芝居を企画し、会員自ら脚本を書き、演出し、舞台に立つというユニークなものであったため、マスコミ各社の注目を浴び、外国の通信社を含めマスコミ数十社が取材し、会場に入りきれないほどの盛況ぶりであった。このインパクトは大きく、このイベント以降、中小企業金融問題はまず同友会に意見を聞こうという流れができたのである。

この集会では、単純に銀行の「貸し渋り・貸しはがし」を社会的に告発しただけではなく、経営の実務的な対応策と政策要望を提言していることが注目される。まず、銀行に対して自社を守るための緊急避難的手法としてリスケジュールという方法を初めて体系的に提案した。また、駆け込み寺的対応だけでなく、金融機関が貸したくなる会社になるために経営指針（経営理念・経営戦略・経営計画）の成文化と実践が不可欠であることも強調している。このように即効性とともに経営の本道をいくバランスのとれた具体的対応の提起も経営者の琴線に触れるものであったと思う。

さらに、集会当日採択された「中小企業宣言」では、政府や

自治体への政策要望提言の他に、「信用金庫等地域金融機関との連携強化」「日本版地域再投資法制定の検討着手」が盛り込まれていることも目を引く。前者の提起を受け、取り引き金融機関の複線化を狙い、信用金庫と取り引きを始めたり、メインバンクにする会員企業も増えた。後者をめぐっては、アメリカの地域再投資法（CRA）を参考にした地域金融円滑化の仕組みづくりの必要性が認識され、その後、体系的な政策提言としての金融アセスメント法の提起に発展していった。

当時、アンケートを取ると信用金庫等の「貸し渋り・貸しはがし」を受けたという会員も一定数あったのも事実である。しかし、重要なことは、銀行の「貸し渋り・貸しはがし」により企業存亡の危機に直面した多くの中小企業経営者が「信用金庫等地域金融機関との連携強化」に向かったことである。1980年代から1990年代にかけて、事業規模を拡大できた中小企業は、資金需要を増大させることで信金・信組から「卒業」し、都市銀行などとの取り引きを拡大してきた。しかし、この金融波乱の中で、少なくない中小企業が、信用金庫等地域金融機関を「再発見」し、回帰したのも事実である。このような体験の中で、多くの中小企業家が協同組織金融機関の必要性を体験的に再認識したのである。

4　なぜ金融アセスメント法に取り組んだのか
　　――物的担保・保証人の負担を軽減する成果に

「はじめに」で述べた「貸し渋り」等の金融問題は、この立法運動に取り組むきっかけではあったがそれだけではない。この金融アセスメント法には中小企業経営者が置かれてきた長年

の過重な負担と不当な取引慣行の解決への願望が込められている。すなわち、金融機関の土地など過度の物的担保要求と個人保証など事実上の無限責任をほとんどの中小企業経営者が背負ってきたという事実である。経営が破綻して返済に窮した場合、保証追求により財産のみならず生活そのものを脅かされるという深刻なケースが多かった。

　予め断っておくが、私たちは個人保証や物的担保をとることをやめろと言っているわけではない。個人保証や連帯保証人を付け、自宅等の担保を出すというリスクを背負ってでも借りたいという経営の局面はあるだろうし、そういうニーズもある。私たちは、金融機関が安易に保証人や物的担保に頼らずに融資できること、すなわち中小企業の潜在能力や事業性等で評価できる判定能力を取り戻すことを主張してきたのである。金融アセスメント法は、そのような融資姿勢を評価し促すことにも狙いがある。

　このように私たちは長年、物的担保・保証人の負担軽減の要望・提言をしてきたが、近年次のような制度改善が着実に実現した。① 2004 年 11 月、「保証債務に関する規定の整備」に関して民法の一部改正が成立し、包括根保証の禁止を規定したこと。② 2005 年 1 月施行の新しい破産法により、破産手続開始前の債務者の財産の保全のための制度の拡充等の措置を講ずるとともに、破産手続における各種の債権の優先順位の見直し等の措置が講じられたこと。③ 2006 年より信用保証協会が中小企業再生支援のために代位弁済後の求償権の放棄に応じることを認められたこと。④ 2006 年 4 月より信用保証協会に対して保証申込を行った案件については、第三者の連帯保証人を求め

ることを原則禁止したこと、など。個人保証の有限責任化などは金融アセスメント法の重要なテーマ。このような制度改革は、運動の貴重な成果であり、中小企業家の正当な願いは国政を変えることも可能であるとの確信につながっている。

5 地域金融機関との共存共栄をめざす金融アセスメント法

「金融アセスメント法」とは、個々の金融機関の営業実態を「地域への円滑な資金供給」や「利用者利便」の観点から公的機関が評価・情報公開をし、より望ましい形で金融取引を行っている金融機関を高く評価することによって、円滑な金融や問題のある金融慣行の是正、より望ましい取引ルールの確立を促そうというものである。その柱は次の3点。

① 金融機関の公共性を維持し、徹底させること。
　不当な「貸し渋り」や「貸しはがし」をなくし、地域や中小企業などの活性化のため、社会的に望ましい分野に資金を円滑に供給する金融の仕組みを実現することである。
② 金融機関と借り手の取引慣行の歪みを是正すること。
　交渉力の乏しい利用者にとって長年歪められてきた金融機関と借り手との間の取引慣行の改善、利用者の立場が尊重されるルールの確立をめざしている。
③ 現行の裁量型金融行政を利用者参加型金融行政に転換させること。
　融資姿勢などをインターネットなど入手しやすい形で公

開し、その公開データを参考に利用者が使い勝手の良い金融機関を選択したり、利用者の意見の反映ができる参加型の行政システムが求められている。

それでは、どのような基準で金融機関を調査・評価するのか。当会の試案では下記の5つのカテゴリーで調査することを提案している。

① 「地域貢献度」：資金運用に占める地元貸出比率や取引率。地域貢献の状況。多数者利用の度合い（小口多数取引率）。自治体の制度融資取扱比率。
② 「中小企業貢献度」：金融機関が営業を行う地域での預貸率と当該地域での中小企業貸出比率。無担保貸出の比率。第三者保証付貸出の割合。融資申込みから融資実施までの平均日数。起業家や女性企業家、NPO等への融資実績。
③ 「地域住民貢献度」：地域住民向け学資ローン、住宅ローンなどの所得階層別構成と融資額。
④ 「取引公正度」：利用者、融資先の利便性を高めるための努力や活動状況。銀行約定書などの改善の度合い。融資基準及び融資拒否理由の書面通知の有無。苦情処理ルールの有無。
⑤ 「資金供給安定度」：既存利用者の利便性を著しく害する本支店、出張所の移転・廃止の有無。融資額や融資条件の一方的変更の有無とその状況。

このような地域・中小企業への「お役立ち」の経営姿勢は金

融の本来の理念に合致するものと考える。この金融システムを実現するため、金融アセスメント委員会を設置する仕組みを考えている（詳しくは、http://www.doyu.jp/finance/qa/airticle/qa04.html）。

　金融アセスメント法制度の手法は、行政的規制の強化でなく、金融機関の自主的な取り組みを事後的に評価し、選択を利用者の判断にゆだねるソフトなシステムの法律を想定している。この制度は、これまで官僚裁量型規制にしばられていた金融機関の姿勢を開放し、より地域と中小企業に目を向けさせることに主眼があり、現在の「事前的規制」から「事後的規制」の流れに沿うものである。

6　金融アセスメント法制定運動の到達点と今後の展望

　私たちは、2001年から2003年にかけて全国的に金融アセスメント法制定署名運動を展開し、101万人を超える署名を集め、衆参両議院の全政党の議員を紹介議員として国会請願した。いくつかの県では、信金・信組の方々にご協力いただき、数万人の署名を集めていただいた経験も生まれている。

　また、地方議会で金融アセスメント法制定を求める国への意見書採択が進んでおり現在、全国30都道県、1,009議会（累計）で採択されている。特に、北海道、長野県、滋賀県、岡山県、沖縄県では道県議会を含むすべての市町村議会で意見書が採択された。市町村合併が進められた時期と重なったため、1,009議会の中には消滅した自治体もあるが、累計数では1,000議会を超える快挙を成し遂げたのである。

このような働きかけや運動により、先に述べた物的担保・保証人の負担軽減やリレーションシップバンキング政策、金融検査マニュアル別冊・中小企業編の改定など、同友会の主張・提言が金融政策に一定程度反映された。

　さらに重要なことは、自分たちの要望・要求の実現を求めて行動しただけでなく、同友会会員が経営指針づくり活動と一体化して金融に関する学習活動を強め、企業体質の強化を進めることができたことである。その中で各地同友会は、金融機関との懇談を活発に行い、「地域経済の繁栄」を共通理念に信頼関係の構築をはかってきた。そして地元金融機関との交流・連携が進み、同友会と金融機関の金融商品開発や業務提携がいくつかの同友会で取り組まれ成果を生み出してもいる。

7　中小企業家から見た信用金庫と都市銀行等の違い

　中同協の顧問で中同協政策委員会・金融プロジェクト代表の田山謙堂氏（㈱千代田エネルギー会長）は、自らの経験に基づいて信用金庫と都市銀行等との違いを次のように語っている。

　「信用金庫の支店長の姿勢は都銀とは全く違うのではないかと感じた。信金の支店長と会って話していても、中小企業専門金融機関としての使命感にあふれる方が多かったと思う。例えば、金融庁の検査官と渡り合ったことを中小企業経営者に得意になって話す支店長がいた。先代からの長い付き合いであるとか、地域での評判など丸ごと貸出先を見て貸しているのだから、書類だけで判断してもらっては困ると、数値だけあげつらう検査官に対して一歩も引かなかったという痛快な話が印象に残っ

ている。このように、地域で中小企業を守り育てるという使命感が支店長に備わっているということは、その信金のトップ層がそのようなしっかりした経営理念を持っているからだと思う。事実、そこの信金の理事長は、行政当局から不良債権が多いと指摘を受けたとき、これは『名誉ある刀傷』であると堂々と答えたと聞く。我々の心強い味方がいると感じた」。

「中小企業経営は良い時ばかりではない。また、がんばっても、なかなか業績が上がらないこともある。要は、そんな中小企業を丸ごと『背負い込んでくれる』金融機関がないと、経済はうまく回っていかないと思う。それが、信用金庫・信用組合だ。今、政府系中小企業金融機関が一機関に統合され、商工中金は民営化することになったが、庶民金融や中小企業専門金融が細っていく流れの中に信金などの業務形態の見直しが位置づけられるとするなら、今後の日本経済の健全な発展にとっても由々しい問題ではないか」。

信用金庫・信用組合が地域で相互扶助精神を生かし協同性の機能と役割を強め広げてもらわなければ中小企業は困るのである。協同組織金融機関として地域で中小企業とともに繁栄しようという使命感や矜持は普段は目に見えるものではない。しかし、その「熱」がいつの間にか感じられなくなったとき、地域経済や中小企業に最も大切なものを失ったことに気づくであろう。それはあたかも中小企業経営者が企業家精神を失うようなものである。そのような事態を避けるために信金・信組と中小企業は知恵を出し協力し合わなければならない。今こそ原点に立ち戻り、相互扶助精神と企業家精神の再興と相互の連携が求められている。

4 もうひとつの新自由主義

笹原　昭五
(中央大学名誉教授)

1 現行規制改革の経済思想

　『規制緩和白書』の説明にしたがえば、わが国の規制緩和は1967年に開始された、ということになる。したがって、その年から数えあげれば、当該措置はすでに40年にもわたって続けられてきた、といえるけれども、この間にはもちろん、いくつかの節目があった。具体的に述べれば、当初の施策はせいぜい既存の許認可等の一括整理にとどまっていたにもかかわらず、1988年12月におこなわれた第二次臨時行政改革推進審議会（行革審）の「公的規制の緩和等に関する答申」においては「市場原理を基本として産業構造の転換」が図られるべきであると記述され、また第三次行革審の1993年10月27日付け最終答申では「自己の選択と責任の下で多様なライフスタイルを享受できる社会を実現するとともに、企業の自発的な創意工夫を最大限に発揮し得る経済社会」にしてゆくと謳われたことなどがあってか、その頃から極まり文句のように「自己責任と市場原理」が大方針として提示されるようになった。

　しかし1990年代になると、もう一段、深奥な規制緩和措置が志向されだした。1997年3月28日に閣議決定された再改定版の規制緩和推進計画をみれば、その大凡の状況をしることができる。同計画はもともとは村山内閣期に、「計画」という文

字をはじめてかかげ、5か年にわたる方策として登場したものであったけれども、その後の経済危機の渦中で3か年計画に改定された。ところが橋本内閣のもとで再改定がくわえられることになり、そのさいには「規制緩和とともに競争政策の積極的展開を図る」とさだめて、たしかに一方では「中小事業者等に不当な不利益を与える不公正な取引に対して厳正・迅速」な対処をもとめつつも、他方では公正取引委員会にたいし、「競争制限的な民間慣行の是正を図る」よう要望する、という態度を表明した。なお、当時はその程度にとどまったけれども、同年12月12日に提示された行政改革委員会最終意見では「社会的規制と言えども、必要最小限のものでなければならない。中小企業を保護・優遇するための施策といえども例外ではない」、と言い切っている辺りを窺えば、政府が狙いとするところを推量できそうである。さらに、翌1998年3月31日には新規の規制緩和推進3か年計画が閣議決定され、つづいて1999年3月30日にも小渕・新首相のもとで同計画の改訂版が策定された。それらのなかでは「経済的規制は原則自由、社会的規制は必要最小限との原則」という文言が明記され、「参入が厳しく制限されていた分野においても、営利法人等による新規参入を促進」し、また「事前規制型の行政から事後チェック型の行政に転換していくことに伴う新しいルール」を新設する、とか言明している。このような経緯をへて規制緩和が次第に――御題目とは相違して――高飛車な姿勢をとるようになった。そうした事情を反映してか、上述の計画改定発表後、経済戦略会議の答申をふまえるという手法をとって、その呼称が「規制改革」と改変されたことをあわせて付記しておこう。

小渕内閣に続いて森内閣が登場したが、その後を継いで施政の衝にあたったのは「構造改革」を標榜する小泉内閣である。この段階では「特区」という便法をつかって既存の制度に抜け道をつくるという措置がとられたほか、国鉄、電電公社などの組織改変に追随する郵政三事業の民営化や政府系金融機関の再編に異常な努力が傾注されたことは記憶にあらたな出来事であるけれども、基本になった方針は概ね従前のものを踏襲している。

　ところで、昨今のこうした所為の基をなす理念、ないしは論理は、社会・経済思想史の観点からみて、どのように特徴づけることができるであろうか？　なんとも好都合なことであるが、まえにふれた経済戦略会議で重要な役割をはたし、その功を評価されてか、小泉内閣で経済財政担当相に登用された竹中平蔵教授はさような事柄にかんして機微にふれる解説をしておられる。そこで、とりあえずは、これを援用させていただき、そのうえでわたくしの所見を披露するようにしたい。はじめに「なぜ、いま構造改革なのか」とか、「小さい政府を作れ——規制緩和を急げ」という項にかかげられた現代史観の一節を紹介しよう。

　「経済戦略会議の提言の背景には、大きな歴史的認識があるといってよい。……東西冷戦が終わって旧社会主義国が続々と市場経済化した。……これは明らかに、われわれにとってチャンスの時代である。だからこそ、世界中の経済がこのチャンスを生かそうとして、『総資本主義』、『総市場経済』現象が起ってきた。日本経済も、こうした競争市場で果敢に

挑戦できるような体制を作っていかなければならない。……日本経済の停滞、閉塞感の高まりの背景に、このままでは世界の新しい競争市場の中で日本経済が対応できないという焦燥感や無力感があることは間違いない。だからこそ、二十一世紀型競争社会にふさわしい経済構造を作る必要がある」[1]。

「1970年代の経済停滞（特にアメリカとイギリス）の反省として、1980年代以降は、小さな政府へ回帰しようという動きがはっきりとしてきた。レーガン大統領（アメリカ）、サッチャー首相（イギリス）、コール首相（ドイツ）の新自由主義的政策がそれである。日本でもこれに呼応して中曽根政権の『行革』……が見られるようになった。こうしたなかで、90年代に入ると先に述べた世界経済の構造変化、つまり総市場経済化がおきた。いま市場の活力をいかさなければ、大きなチャンスを失うという危機感を背景にして、新保守主義的な経済思想が大きな力を持つようになったのである」[2]。

これらの文章中の文言としては、「総資本主義」や「総市場経済」、あるいは「競争社会」なども然る事ながら、さしあたっては「新自由主義」に着目してもらいたい。政治思想などの専門家であれば、その文字をみてモンペルラン・ソサイティ、あるいはフライブルグ学派を想起されるに違いないけれども、経済学の研究者ならば新古典派の中心的人物としてJ. M.ケインズ（1883〜1946年）とはげしく対立した、ないしは通貨発行自由化論を公表して衆目をあつめたF. A.ハイエク（1899〜1992年）を思いだすのではなかろうか。というのは、当人はわが国へも招聘されてそうした所説の喧伝につとめたことなど

もあって、新自由主義の代表的論者として知られているからである。

　誤解を避けるために付言しておくが、かれはなにも経済戦略会議や竹中教授などと語呂合わせするようなことを発言したわけではない。しかし例えば、「十八世紀の英国の自由主義者たちの主張は……『それぞれの人びとは、自分にとって最も重要だと思われる目的を追求することは許されるべきだ』ということだったのです。いま新自由主義者の主張するのもそうです」[3]とか、「競争は、何が最も良くて、何が最も安いかについての人々の見解を創り出す。人々が様々な可能性や機会について、事実彼らが知っているだけのことを知るようになるのは、競争のおかげである」[4]など、と説諭したことを思い出せば、「新自由主義」なるものに敬意を感じられても無理からぬ、と納得できる。もっとも、そう書いたからといって、わたくしはべつに、こうした主張に同調しようとしているわけではない。実はまったく逆であって、むしろ一方ならぬ違和感を禁じえなかった。どうして、そのような気持ちになったのか。その理由については後で詳述する所存である。

　ところで、同教授は前記の叙述につづいて、つぎのような所見も綴られているが、文中の「二重構造」の片側や「低生産性部門」のなかには、中小企業もふくまれていると考えられる。したがって論述は中小企業足枷論も兼ねる、とお見受けできるであろう。同類の所見はすでに説明したごとく行政改革委員会最終答申中にもみられたから、なにもその時にはじまったわけではないけれども、規制緩和がそうした——わたくしの判断にしたがえば——ひとり合点の所信にもとづいて実施されるとす

れば、これもまた問題とせざるをえない。かような訳で後程、当該部分にかんしても反論をおこなうようにする。

「いまの日本には、強力な規制緩和を急いで実施しなければならない、十分すぎるほどの理由がある。それは日本経済が、従来われわれが考えてきた以上に、非常に極端な『二重構造経済』になっている点だ。日本経済には……世界的な高生産性産業がある。しかし一方で、農業に象徴されるような低生産性産業がある。これら低生産性産業の多くは、何らかの保護や規制によって守られてきた産業であり、競争から隔離されたために、低生産性であるにもかかわらず温存されてきた業種である。……二重構造は、実体的に高生産性部門から低生産性部門への所得移転……制度である。……こうした事態を改善するには、一つの方法しかない。生産性の低い部門にも、思い切った競争インセンティブ（動機づけ）を取り入れ、生産性の上昇を実現させることだ。」[5]

2 本来の新自由主義

この節でまず指摘したい事柄は、ハイエク等が「新自由主義」を口にする遥か以前に、それとはまったく別種の含意をふくむ用語として、同じ言葉が活用されたという点である。そのことを明らかにするため、少し長文であるけれども、この言葉の創出に関与した当事者の回想を引用するとしよう。

「マクドナルドが私の生活に入り込んだのはロバートスン

よりも 1、2 年のちのことであった。労働党は当時存在せず、独立労働党はまだ国会に人を送り込んでいず、マクドナルドの最も早い時期の立場は、社会主義シンパの独立急進派の立場であった。われわれが一緒になって、1896 年から 1898 年まで短命でしかも不安定な生涯だった『プログレッシブ・レヴュー』という雑誌を作るようになったとき、私の彼との関係はいっそう個人的な性格をこえたかたちをとった。この雑誌のために選ばれた誌名を、その主だった後援者、編集者および執筆者の顔ぶれと結びつけて判断すれば、そこには長い政治的には後景に退いていた重要な経済的争点が入り込んできたための政治分野の新しい隊列編成の兆しが示されている。……私も応分の力を貸したが、他方、ラムゼイ・マクドナルドは事務面を司り、ハーバート・サミュエル……は活動的な働き手兼後援者であり、チャールズ・トレヴェリアン……は事業を手伝ったり、けしかけたりした。……『新自由主義』という言葉がサミュエルその他によって、その目的を正しく言い表すものとして採択された。『新』自由主義が旧と違うのは、民主主義の三幅対である自由、平等、友愛のなかでは浮いてみえる『平等』に積極的な意味を与えることをねらって、重要な経済的改革の必要性をよりはっきりと構想に入れた点にあった」[6]。

この文章中の「私」は J. A. ホブスン（1858 〜 1940 年）で、引用文は若かりし頃についての長い叙述の一部を抜きだしたものであるが、文意の理解が容易でないかもしれない。そこで、補足をまじえながら解説をしておこう。ホブスンの（といって

も、正確にいえば A. F. ママリとの共著という形態で 1889 年に刊行された）最初の著書は当初、学界の権威筋によって忌避された。そうした出来事などが原因となって大学の常勤教員になることを希望していたにもかかわらず、断念した。やがてロンドンに拠点をおいて市井の著述家として活動をはじめたけれども、その傍ら政治家志向の人びとなどとも交流をもつようになった。『プログレッシブ・レビュー (*Progressive Review*)』誌の創刊（1896 年）に関与したのはそうした活動の一環であった、といえる。本稿は当人の解説を目的とするものでないので、詳説は手控えるけれども[7]、権威筋によって嫌われた第一作の基本となった経済理論は経済変動問題にかんする過少消費説で、それは伝統的な理論を真っ向から批判するものであった――したがって当人は誇って「異端」者と自認した――こと、他にも未だに関説される重要文献、例えば『帝国主義論』（1902 年刊）などを世上に送り出したこと、終生、政治家としての活躍はしなかったけれども、若年期には自由党を支持し、後年においては「ヒューマニズム経済学」の確立を目指しつつも労働党に組して理論面で指導にあたり、重きをなしたことだけは付記しておこう。

　ところで、ホブスンにかんして記述した事柄は部分的ながら他の関係者にも共通している。その点を明らかにすれば、当該評論誌の発刊にかんして「政治分野の新しい隊列編成の兆し」と評した根拠を理解できると考えられるので、簡単ながらかれらの政治分野における活動状況にもふれておこう。R. マクドナルドは戦前においてはわが国でも話題になった政治家であるが、それは労働者階級の出自であったにもかかわらず、第一次

大戦後の 1924 年にイギリス史上ではじめて組閣された労働党内閣の首相兼外相をつとめたことに由来している。しかし、その後においてもイギリス政界の重鎮としての役割をはたした。1929 年に再登板した第二次労働党内閣でも首相の座につき、同内閣退陣後の挙国連立内閣でも請われてその職務をつづけたことなどに留意すれば、そうした点を了承されるであろう。かれほどの地位ではなかったとはいえ、他の二人も閣僚に就任している。つまり、サミュエルは 1902 年に自由党所属の下院議員になり、その後、成立した自由党内閣で郵政長官や内相をつとめたほか、前記の挙国連立内閣でも一時的ながら内相を担当した。トレヴェリアンも 1899 年に下院の座をえたが、そのさいは自由党に属し、自由党内閣では文部省政務次官にえらばれたけれども、第一次大戦にさいしては反戦主義の立場を堅持して辞職した。そうした態度をとった点は労働党関係者の一部とも共通していたからであろうか、同大戦後は労働党に加入し、第一次および第二次労働党内閣においては文相として政務にたずさわっている[8]。

　もっとも、本稿の主題と照らし合わせれば、「新」自由主義が旧来の自由主義と相違する点は「平等」の重視である、という記述こそが注目されて然るべきである。については、こうした事柄について取りいそぎ解説をおこなうようにする。そのさいは何をさておいても、そうしなければならない実態が目前に存在する、とかれらは判断していたことを指摘するべきであろう。そこで、取り敢えずホブスンの目に映じた経済社会の状況を垣間見るとしよう。例えば現実の市場にかんして、「自由放任の経済学」、つまり伝統的経済学が市場関係者にともども利益を

保証すると賛美する自由競争は衰退して独占体の支配下におかれつつあるといったうえで、さらに論をすすめ、市場は本来的に平等な取引の場にはなりえないとして、つぎのように断じている。

「〔実際に〕起こったことはあらゆる市場の不平等で不公正な性格の発現であり、〔それへの〕断罪なのである。なぜなら、平等な立脚点に立っての供給と需要の交渉力はどこにもなく、またどこでも、財であれサービスであれ、その個々の買手と売手の『必要性』においてきわめて不平等なので、特定の価格での販売の結果得られる利益は当事者に〔それぞれ〕はなはだしく差異のある利益を与えることになるからだ。言いかえれば、独占下であれ、いわゆる競争条件下であれ、市場というものは本来が不公平な分配様式なのである」[9]。

わたくしは前にわずかながらも同人の過少消費説にふれたが、それもまた所得分配面の不平等や不公正を強調する所見であったことも補記しておきたい。そこであわせてその説の内容を紹介すれば、「循環的不況は過少消費による過少生産の局面である……、過少消費はそれ自体が、所得のほとんど全部を現在か、早い時期の商品需要に使うであろう労働者＝消費者に国民所得のあまりに小さな比率しか与えず、あまりに大きな比率をそのあまりに多くを貯蓄しようとするであろう〔財産〕所有者に与えている国民所得の通常の分配の必然的結果である」[10]、ということになる。

そうした学説にしたがえば、市場や所得分配面におけるかよ

うな実情が改善されないかぎり、不況や恐慌は不可避であり、したがって現状の弁明に終始する伝統的経済論理はただの夢物語にすぎないと批評せざるをえない。何はともあれ、このような史実をふまえると、前節で取りあげた昨今の通俗的な新自由主義は、本節で解説した本来の新自由主義と対比すれば、似て非なるどころか、似て逆なる代物であることについては疑う余地はなさそうである。

なお、ホブスンは甘んじて自分を「異端」者と呼んだこともすでに述べたところであるが、公平を期すためにこの点についても少し説明を付加しておく。なぜなれば伝統的な経済学を信奉する大家の目にはそう映ったかも知れないけれども、ケインズのような、伝統派にたいする批判者の場合にはむしろ自説の先蹤者として高く評価したことも確かな史実になっているからである。同人の雑誌評論、「私は自由党員か」(1928年公表) では「**新自由主義**〔New Liberalism〕の真の使命」[11]を論じており、そこから本来の新自由主義からの影響をうかがえるけれども、もっと明確にホブスンの啓示をしりたければ、かれのもっとも有名な著書、『一般理論』(正しくいえば、1936年刊行の『雇用、利子及び貨幣の一般理論』) を参照するほうがよいであろう。というのは、その第23章でわざわざホブスンの最初の著書をとりあげ、丁寧な紹介文を書いているからである。見方によっては、ケインズの名著はホブスン見解を敷衍するものであるともいいうる。例えば賃金や利子率の決定過程を説くにあたっては同様に労働や資金市場の不平等性や不公正さを強調するべく努めている。[12] そうなれば景気変動の解釈にあたって、ホブスンと一緒に伝統派、つまり新古典派と厳しく対立することも当

然の帰結だった、ということになる。

3　規制緩和策の留意事項

　それにしても、なぜ二つの、相反する新自由主義が登場するにいたったのか。その由来を尋ねるさいにはF. テンニース（1855～1936年）の社会類型論が参考になるので、以下はそれを援用しながら私見を素描し、あわせて現下の規制緩和策にかんしても一言するとしよう。彼は社会学の代表的古典として名高い著作（1887年刊）[13]のなかで、ふたつの社会類型、ないしは人びとの結合様式を提示している。共同社会（ゲマインシャフト）と利益社会（ゲゼルシャフト）がそれである。具体的な姿形を例示すると、前者にかんしては家族や農業地域の近隣、町村、あるいは朋友などをあげているので、概ね血縁、地縁でむすばれた、人間性豊かな組織が念頭にあった、といえる。他方、後者にかんしては大都市、国、あるいは世界をその概念の適合形態と捉え、商業と工業がそこでの代表的職業であるとしているから、売買取引ないしは金銭関係が中枢となっているような人的繋がりとか、情報機構を想定すれば、かれが注目しているところを推し量れるであろう。当人は加えて両社会の特性にも説きおよんでいる。それは現在の諸問題を考えるさいに重要な教示になると思われるので、以下に引用しておく。

　　「ここ〔ゲゼルシャフト〕では、人々は本質的に結びついているのではなくて、本質的に分離している。また人々は、ゲマインシャフトではあらゆる分離にもかかわらず結合しつ

づけているが、ゲゼルシャフトではあらゆる結合にもかかわらず依然として分離しつづける。その結果ゲゼルシャフトにおいては、先験的・必然的に存在する統一体から導きだされうるような活動は行われない。したがってまた、活動が個人によって為されるかぎり、その個人に内在する統一体の意志や精神を表現するような活動や、その個人自身よりも彼と結合している人々のためになるような活動は行われない。それどころかここでは、人々はそれぞれ一人ぽっちであって、自分以外のすべての人々に対しては緊張状態にある」[14]。

なお、後の論述に備えるために、もう一文を付加しておきたい。それは同書の1912年版で追加されたものであるが、ここでは詳説を省くけれども、共同社会の意義を強調しながらも、現実には利益社会がこれを圧しつつあることも指摘して危惧の念をかくさなかった。それだけに、利益社会の肥大化傾向のなかにあっても、なんとか共同社会が存続するよう願ったためであろうが、緩衝組織としての機能が秘められた協同組合の生成・発展を歓迎し、それに望みを託そうとした。その現れがつぎの文章である。こうした事実は協同組織をめぐる論議において十分に玩味されるべき事柄であろう。

「最近数十年の間に組合──ドイツ語ではゲノッセンシャフト……──という名を有する、多くは無産者たる人々からなる結社が、少なからぬ勢力を得て重きをなすに至った。……かかる組合の法的形式は、有限責任の根本原理にもとづいて、株式会社法に倣って作られている。それにもかかわら

ず、それによってゲマインシャフト的な経済原理が、ゲゼルシャフト的生活条件に適合せる形態をとって、著しい発展能力を有する生命を獲得するということが認められる」[15]。

　以上の点を明らかにしたうえで、既述の設問にたいして回答をおこなう。その内容はこのようになる。テンニースの用語を活用すれば、本来の新自由主義は共同社会の基本原則を旨としているのにたいして、通俗的な新自由主義は利益社会の行動原則を金科玉条にしている。したがって、志向するところが相違することは当然の成り行きであった、といえる。かような事柄を格差問題に関連付けて説明してみよう。この点はテンニースも明記したところであるけれども、共同社会にとって格差は組織としての結合、別言すれば人びとのあいだの和にとって障害であり、したがって何とか限度内にとどめおこうという作用が自動的に働く。『プログレッシブ・レビュー』誌一門が「平等」を重視し、ホブスンが「ヒューマニズム経済学」を追い求めたことはその点と符号している。ところが、利益社会ではそうではない。すくなくとも個々の組織単位にとって格差は必須の活動源になっている。そこでは「結合している人々のために」ではなくて「自分にとって最も重要だと思われる目的を追求」できるのであるから、格差があっても意に介しない——というよりも、直ぐ後で説明する私見に従えば、格差があればある程、「緊張」の激化を顧みず、それに起因する利益を漁りつづけるはずであるし、社会もこうした振舞を許容するに違いない。というのは、そうすることがこの社会の悲しい性だからである。
　その気になって思考すれば、直ちに明らかになる事柄である

けれども、近代経済学の教科書などでありふれている価格論、つまり商品価格が投入物の限界生産性に等しいという理論は図らずもそうした点を明示している。なんとなれば、(価格を所与と仮定したうえで)生産性が異なる大小さまざまの企業群を対象にしてその理論を応用すると、高生産性を誇る大企業の利潤（少なくともその一部）は実は当該企業の生産性それ自体ではなくて、効率がもっとも劣る零細企業との生産性格差に由来する、という話になるからである。したがって利潤の増大を希求する立場に立つと、格差はむしろ歓迎すべき事態になってしまうはずである[16]。

この辺で昨今の規制緩和策に論点をもどすが、その場合は何をさておいても、それを正当化する経済動向や論点として特筆された「競争社会」、「総資本主義化」あるいは「市場原理」などは、知ってか、知らずしてかは判然としないけれども、いずれも利益社会の行動原理に呼応する、したがって本来の新自由主義とは相反するものであることがまず指摘されなくてはならないであろう。もっとも、行政改革委員会最終意見などで胸を張って中小企業の整理に言及されたことが私の解説とは食い違うと批判されるかもしれない。しかしながらそうした諸見解は利益社会に慣れ親しんできた余りに引き起こした論理倒錯ではないか、と拝察している[17]。

つづいて、規制緩和策の在るべき姿にかんして所見を述べるようにするけれども、このさいはもう一度ケインズに助力を求めることにしたい。というのは、前に紹介した「新自由主義」論のあとで、それにかかわるもうひとつの政策論を発表したからである。『自由放任の終焉』と題された小冊子（1926年刊）

がそれであるが、同書中には代表的な功利主義者、J. ベンサムの叙述を逆用した、次のごとき著名な戒告がしるされている。

「ベンサムの有益な命名法によって、しばしば**なすべきこと**〔アジェンダ〕……と**なすべからざること**〔ノン・アジェンダ〕……と名付けられたものをわれわれは区別しなければならない。しかも、その区別にあたっては、ベンサムがそれに先だって想定したこと、すなわち、干渉は、『一般に不要で』、かつ『一般に有害』であるとする想定は、これを捨てなければならない。今日の**経済学者たち**に課せられている主要な問題は、おそらく、**政府のなすべきこと**と、**政府のなすべからざること**を改めて区別し直すことであろう」[18]（傍点引用者）。

こうした戒めを現在の、とりわけ協同組織にかかわる規制緩和問題に適用すれば、さしずめ以下のような提言が可能になるであろう。規制が一般に不要で、一般に有害である、と言わんばかりの風潮は是正されるべきであり、行政当局は改めて「なすべきこと」と、「なすべからざること」を区別し直して然るべきである。誰の目でみても無駄と判断できる事項にかんしてはそれを節減して、経営の効率化を計るよう求めるべきであるし、また利益社会の株式会社などとは違って、協同組織の諸機関は本来的に収益性を至上目標とするわけにはいかないという点に配慮し、特別な処置を講ずることもむしろ「なすべき」事柄に属する、といえるであろう。また、当該諸機関が基本的な組織原則、例えば総会あるいは総代会の役割、とりわけそこに

おける一人一票原則などを軽視するような動きがあれば、当然、行政指導がなされるべきである。

しかしながら、協同組織の諸機関が自らの社会的意義を確信して組織の護持に努めているかぎり、当局が一方的に利益社会流の経営方針を掲げて業務内容を云々することは「なすべからざる」事柄である。ましてや、これこそが天道の則に適う規制改革だと言い張って、協同組織の利益社会型機構への改組、例えば信用金庫の銀行化を誘導するようなことがあれば、まさしく、「なすべからざる」策動の最たるものといわざるをえないであろう。とはいえ、かような行状は時流に幻惑されて当事者の判断が迷走しているためかもしれない。ついては、須らく立論の根元に立ちもどり、事の是非が再検討されることを念願して結びとする。

[註]

1) 竹中平蔵［1999］『経世済民「経済戦略会議」の180日』ダイヤモンド社、154-155頁。
2) 竹中平蔵［1990: 157］。
3) 西山千明編［1976］『F. A. ハイエク、新自由主義とは何か、あすを語る』東京新聞出版局、31頁。
4) F. A. ハイエク［1946］「競争の意味」(1946年の講演)、『ハイエク全集』3、春秋社、嘉治元郎・嘉治佐代訳、1990年12月、144頁。
5) 竹中平蔵［1999: 157-159］。
6) J. A. ホブスン、高橋哲雄訳［1983］『異端の経済学者の告白、ホブスン自伝』新評論、46-47頁。
7) ホブスンにかんしてはすでに下記の別稿などを書いたので、関心が

あれば参照してほしい。笹原［1997］「ラスキンからホブスンへ──19世紀後期の有効需要論」『経済学論纂』第37巻第5・6号、3月。
8) 原典の当該部分にはリチャード・ステイプリの名が記されているけれども、遺憾ながら経歴を知らないので、引用を避けた。なお、マクドナルドに先立つ知人として、'J. M.' ロバートソンの名前が上げられているが、当人にかんしては下記の別稿をかいた。笹原［1984・1986］「J. M. ロバートソンの過剰貯蓄説──自由主義者の伝統派批判」上・下、『経済学論纂』第25巻第1、2合併号；第27巻第1、2合併号。
9) ホブスン［1983: 151-152］
10) ホブスン［1983: 168-169］
11) J.M. ケインズ「私は自由党員か」、宮崎義一・伊東光晴編［1971］『世界の名著』中央公論社、57、170頁。太字は原文に拠るものである。以下も同様。
12) ケインズの利子論にかんしては学界においてさえも史実を誤解している向きがある。そこで、すでに下記の別稿などを公表した。笹原［2006］「流動性の落し穴論の史的吟味」『経済学論纂』第46巻第3・4合併号、3月。
13) F. テンニエス、杉之原寿一訳［1957］『ゲマインシャフトとゲゼルシャフト』上・下、岩波文庫版、岩波書店。
14) テンニエス［1957: 上: 91］。
15) テンニエス［1957: 下: 135-136］。
16) わたくしは奇異な理屈を弄しているわけでない。ここでおこなった論述は、意図ないし議論の到着点が相違するにしても、技法にかんしては古典派の代表的学者、D. リカードの差額地代説、あるいはケンブリッジ学派の始祖、A. マーシャルの生産者余剰論に近似していることに気付いていただければ、その点を納得してもらえるであろう。
17) なお、巷の日本経済論などでしばしば主張される「護送船団」論においても同様な誤りが見うけられる。そこでは大金融機関が被害者扱いされているけれども、先程、書いた私見が妥当であれば、むしろ受益者といわねばならなくなるからである。斯くなれば、そうした論説は心ならずも〈恩を仇で返せ〉と唆かしてしまうことになりはせぬであろうか？
18) ケインズ『自由放任の終焉』、宮崎他編［1971: 151-152］。

あとがき

――本書を読んで差し迫ってきた協同組織金融機関制度の
見直し問題を考える素材にしてください――

　協同組織金融機関制度（法制）の見直しについての検討がオフィシャルに開始されようとしている。オフィシャルにということは、所管官庁である金融庁がこの制度をどうするかについて本格的に論議をつめて結論を出すということである。こうなったのは規制改革・民間開放推進会議が 2006 年 12 月 25 日に出した第三次答申の中で、協同組織金融機関（信用金庫・信用組合）に関する法制の見直しを要請したからである。その要請文をみれば協同組織金融機関が我が国金融システムにおいてどのような役割を果たしていくべきか、業務および組織のあり方について総合的な視点から見直しをすべきであるとしているが、要請文のニュアンスからはその見直しが協同組織金融機関の存在そのものを左右するものになる可能性が強く感じられる。

　そこで、協同組織金融機関につね日ごろから関心をもち、かつ最近の状況を憂慮している研究者の方々に急遽お集まりいただき、なぜいま協同組織金融機関制度の見直しか？について論じていただいた。編者の一人として協同組織金融機関で働く方々、協同組織金融機関と取引している方々へのお願いは、興味を引いた項目・論文だけでもよいからとにかく読んでみてほしいということである。自分たちの今後に直結する問題である

ことがおわかりいただけると思うからである。そして、事態が楽観できる状況にないことも。

執筆者全員に共通するのは、今日の協同組織金融機関には率直に言っていろいろ問題がある、不十分なところもある、しかし重要な役割も果たしてきている、それは先人たちの想いが受け継がれてきたからであるとともに協同組織であったがゆえにではなかったか、もし規制を改革するとか制度を見直すとかいって、協同組織の金融機関という存在そのものを弱めたり、否定したりすると大変なことになるのではないか、という思いである。なぜ大変なのか。地域の金融、中小企業の金融を担う最後の砦がなくなるおそれがあるからである。それはこの十数年の金融の状況、地域の状況をみれば明らかではなかろうか。規制をなくし、民間に開放すれば果たして事がうまくいくのであろうか。現実をみればむしろ逆の方向に向かっているのではないか。中小企業は相変わらず苦戦し、廃業先、倒産先が減る気配がない。地域は停滞を深めている。地域格差、所得格差はいっそう拡大している。こんなことでいいのであろうか。最後の砦は守らなければならない。

もちろん、読者にはそれぞれの思いがあることであろう。それをたしかめるためにも是非本書を紐解き、検討の素材にしていただきたいと願う次第である。なお、蛇足的に付け加えるならば、今回の論議は業務規制の緩和をめぐる問題、税制優遇をめぐる問題、ガバナンスをめぐる問題の三つが中心になって展開されることはほぼ間違いがない。しかし、同時に、だれがどういう存在であることを望んでいるか、さらに今後も望むかも

きわめて重要なことなのである。それぞれがそれぞれの立場でこうあるべきということを強く望み、かつ主張していただきたいと申し述べて終わりの言葉とする。

（相川直之）

いま なぜ信金・信組か
―― 協同組織金融機関の存在意義 ――

2007年10月1日　第1刷発行　　定価（本体1800円＋税）
2008年1月25日　第4刷発行

[編著者] 安田原三、相川直之、笹原昭五

[発行者] 栗原哲也

[発行所] 株式会社日本経済評論社
〒101-0051　東京都千代田区神田神保町3-2
電話　03（3230）1661
FAX　03（3265）2993
振替　00130-3-157198

[装幀者] 渡辺美知子

[印刷・製本] 中央精版印刷株式会社

© G. Yasuda, N. Aikawa, S. Sasahara et. al., 2007 Printed in Japan
四六判（18.8cm）　総ページ 224
ISBN978-4-8188-1962-7 C1033
日本経済評論社ホームページ　http://www.nikkeihyo.co.jp

本書の複製権・譲渡権・公衆送信権（送信可能化権を含む）は㈱日本経済評論社が保有します。
JCLS〈㈳日本著作出版権管理システム委託出版物〉

本書の無断複写は著作権法上での例外を除き禁じられています。複写される場合は、そのつど事前に、㈳日本著作出版権管理システム（電話 03-3817-5670、FAX03-3815-8199、e-mail: info@jcls.co.jp）の承諾を得てください。

落丁・乱丁本のお取り替えは小社まで直接お送り下さい。

日本経済評論社の関連書

日本協同組合学会訳編
21世紀の協同組合原則
― ICAアイデンティティ声明と宣言―
四六判　1400円

先崎千尋著
農協に明日はあるか
四六判　1900円

A. F. レイドロー著　日本協同組合学会訳編
西暦2000年における協同組合
―レイドロー報告―
四六判　1200円

G. フォーケ著　中西啓之・菅伸太郎訳
協同組合セクター論
四六判　1800円

田中秀樹著
消費者の生協からの転換
四六判　2300円

富沢賢治・川口清史編
非営利・協同セクターの理論と現実
―参加型社会システムを求めて―
A5判　3400円

定価の表示は、2007年10月現在の税別本体価格です。